# 财政总预算会计制度

# 2015

中华人民共和国财政部　制定

中国财政经济出版社

**图书在版编目（CIP）数据**

财政总预算会计制度．2015／中华人民共和国财政部制定．
—北京：中国财政经济出版社，2015.12
ISBN 978－7－5095－6472－1

Ⅰ.①财…　Ⅱ.①中…　Ⅲ.①中央财政总预算会计
Ⅳ.①F810.6

中国版本图书馆 CIP 数据核字（2015）第 267618 号

责任编辑：蔺红英　郁东敏　　　责任校对：李　丽
封面设计：邹海东　　　　　　　版式设计：董生平

中国财政经济出版社 出版

URL：http：//www.cfeph.cn
E－mail：cfeph@cfeph.cn

社址：北京市海淀区阜成路甲 28 号　邮政编码：100142
营销中心电话：88190406　北京财经书店电话：64033436　84041336
北京财经印刷厂印刷　各地新华书店经销
880×1230 毫米　32 开　5 印张　76 000 字
2015 年 12 月第 1 版　2015 年 12 月北京第 1 次印刷
定价：20.00 元
ISBN 978－7－5095－6472－1/F·5213
（图书出现印装问题，本社负责调换）
本社质量投诉电话：010－88190744
反盗版举报热线：88190492、88190446

# 财政部文件

财库〔2015〕192号

## 财政部关于印发《财政总预算会计制度》的通知

各省、自治区、直辖市、计划单列市财政厅（局）：

为了进一步规范各级政府财政总预算会计核算，提高会计信息质量，充分发挥总预算会计的职能作用，根据《中华人民共和国会计法》、《中华人民共和国预算法》和其他有关法律法规，我部对《财政总预算会计制度》（财预字〔1997〕287号）进行了修订。现将修订后的《财政总预算会计制度》印发给你们，自2016年1月1日起施行。执行中反映出来的问题，请及时反馈我部。

附件：财政总预算会计制度

财政部

2015年10月10日

# 目　录

# 财政总预算会计制度

## 目　录

# 第一章 总 则

**第一条** 为了规范各级政府财政总预算会计（以下简称总会计）核算，保证会计信息质量，充分发挥总会计的职能作用，根据《中华人民共和国会计法》、《中华人民共和国预算法》及其他有关法律法规，制定本制度。

**第二条** 本制度适用于中央，省、自治区、直辖市，设区的市、自治州，县、自治县、不设区的市、市辖区，乡、民族乡、镇等各级政府财政部门的总会计。

**第三条** 总会计是各级政府财政核算、反映、监督政府一般公共预算资金、政府性基金预算资金、国有资本经营预算资金、社会保险基金预算资金以及财政专户管理资金、专用基金和代管资金等资金活动的专业会计。

社会保险基金预算资金会计核算不适用本制度，由财政部另行规定。

**第四条** 总会计的工作任务主要包括：

（一）进行会计核算。办理政府财政各项收支、资产负债的会计核算工作，反映政府财政预算执行情况和财务状况。

（二）严格财政资金收付调度管理。组织办理财政资金的收付、调拨，在确保资金安全性、规范性、流动性前提下，合理调度管理资金，提高资金使用效益。

（三）规范账户管理。加强对国库单一账户、财政专户、零余额账户和预算单位银行账户等的管理。

（四）实行会计监督，参与预算管理。通过会计核算和反映，进行预算执行情况分析，并对总预算、部门预算和单位预算执行实行会计监督。

（五）协调预算收入征收部门、国家金库、国库集中收付代理银行、财政专户开户银行和其他有关部门之间的业务关系。

（六）组织本地区财政总决算、部门决算编审和汇总工作。

（七）组织和指导下级政府总会计工作。

**第五条** 各级政府财政部门应当根据工作需要，配备一定数量的专职会计人员，负责总会计工作，并保持相对稳定。

**第六条** 总会计的核算目标是向会计信息使用者提供政府财政预算执行情况、财务状况等会计信息，反映政府财政受托责任履行情况。

总会计的会计信息使用者包括人民代表大会、政府及其有关部门、政府财政部门自身和其他会计信息使用者。

**第七条** 总会计的会计核算应当以本级政府财政业务活动持续正常地进行为前提。

**第八条** 总会计应当划分会计期间，分期结算账目和编制会计报表。

会计期间至少分为年度和月度。会计年度、月度等会计期间的起讫日期采用公历日期。

年度终了后，可根据工作特殊需要设置一定期限的上年决算清理期。

**第九条** 总会计应当以人民币作为记账本位币，以元为金额单位，元以下记至角、分。发生外币业务，在登记外币金额的同时，一般应当按照业务发生当日中国人民银行公布的汇率中间价，将有关外币金额折算为人民币金额记账。

期末，各种以外币计价或结算的资产负债项目，应当按照期末中国人民银行公布的汇率中间价进行折算。其中，货币资金项目因汇率变动产生的差额计入有关支出等科目；其他资产负债项目因汇率变动产生的差额计入有关净资产等科目。

**第十条** 总会计应当按照业务或事项的经济特征确定会计要素。会计要素包括资产、负债、净资产、收入和支出。

**第十一条** 总会计的会计核算一般采用收付实现制，部分经济业务或者事项应当按照规定采用权责发生制核算。

**第十二条** 总会计应当采用借贷记账法记账。

**第十三条** 总会计的会计记录应当使用中文，少数民族地区可以同时使用本民族文字。

## 第二章 会计信息质量要求

**第十四条** 总会计应当以实际发生的经济业务或者事项为依据进行会计核算，如实反映各项会计要素的情况和结果，保证会计信息真实可靠，全面反映政府财政的预算执行情况和财务状况等。

**第十五条** 总会计提供的会计信息应当与政府财政受托责任履行情况的反映、会计信息使用者的监督、决策和管理需要相关，有助于会计信息使用者对政府财政过去、现在或者未来的情况作出评价或者预测。

**第十六条** 总会计对于已经发生的经济业务或者事项，应当及时进行会计核算。

**第十七条** 总会计提供的会计信息应当具有可比性。

同一政府财政不同时期发生的相同或者相似的经济业务或者事项，应当采用一致的会计政策，不得随意变更。确需变更的，应当将变更的内容、理由和对政府财政预算执行情况、财务状况的影响在附注中予以说明。

不同政府财政发生的相同或者相似的经济业务或者事项，应当采用统一的会计政策，确保不同政府财政的会计信息口径一致、相互可比。

**第十八条** 总会计提供的会计信息应当清晰明了，便于会计信息使用者理解和使用。

## 第三章 资 产

**第十九条** 资产是指政府财政占有或控制的，能以货币计量的经济资源。

**第二十条** 总会计核算的资产按照流动性，分为流动资产和非流动资产。流动资产是指预计在 1 年内

(含1年)变现的资产；非流动资产是指流动资产以外的资产。

**第二十一条** 总会计核算的资产具体包括财政存款、有价证券、应收股利、借出款项、暂付及应收款项、预拨经费、应收转贷款和股权投资等。

财政存款是指政府财政部门代表政府管理的国库存款、国库现金管理存款以及其他财政存款等。财政存款的支配权属于同级政府财政部门，并由总会计负责管理，统一在国库或选定的银行开立存款账户，统一收付，不得透支，不得提取现金。

有价证券是指政府财政按照有关规定取得并持有的政府债券。

应收股利是指政府因持有股权投资应当收取的现金股利或利润。

借出款项是指政府财政按照对外借款管理相关规定借给预算单位临时急需，并需按期收回的款项。

暂付及应收款项是指政府财政业务活动中形成的债权，包括与下级往来和其他应收款等。暂付及应收款项应当及时清理结算，不得长期挂账。

预拨经费是指政府财政在年度预算执行中预拨出应在以后各月列支以及会计年度终了前根据“二上”预算预拨出的下年度预算资金。预拨经费(不含预拨下年度预算资金）应在年终前转列支出或清理收回。

应收转贷款是指政府财政将借入的资金转贷给下级政府财政的款项，包括应收地方政府债券转贷款、应收主权外债转贷款等。

股权投资是指政府持有的各类股权投资资产，包括国际金融组织股权投资、投资基金股权投资、国有企业股权投资等。

**第二十二条** 总会计对符合本制度第十九条资产定义的经济资源，应当在取得对其相关的权利，并且能够可靠地进行货币计量时确认。

符合资产定义并确认的资产项目，应当列入资产负债表。

**第二十三条** 总会计核算的资产，应当按照取得或发生时实际金额进行计量。

## 第四章 负 债

**第二十四条** 负债是指政府财政承担的能以货币计量、需以资产偿付的债务。

**第二十五条** 总会计核算的负债按照流动性，分为流动负债和非流动负债。流动负债是指预计在1年内（含1年）偿还的负债；非流动负债是指流动负债以外的负债。

**第二十六条** 总会计核算的负债具体包括应付国库集中支付结余、暂收及应付款项、应付政府债券、借入款项、应付转贷款、其他负债、应付代管资金等。

应付国库集中支付结余是指国库集中支付中，按照财政部门批复的部门预算，当年未支而需结转下一年度支付的款项采用权责发生制列支后形成的债务。

暂收及应付款项是指政府财政业务活动中形成的债务，包括与上级往来和其他应付款等。暂收及应付款项应当及时清理结算。

应付政府债券是指政府财政采用发行政府债券方式筹集资金而形成的负债，包括应付短期政府债券和应付长期政府债券。

借入款项是指政府财政部门以政府名义向外国政府、国际金融组织等借入的款项，以及通过经国务院批准的其他方式借款形成的负债。

应付转贷款是指地方政府财政向上级政府财政借入转贷资金而形成的负债，包括应付地方政府债券转贷款和应付主权外债转贷款等。

其他负债是指政府财政因有关政策明确要求其承担支出责任的事项而形成的应付未付款项。

应付代管资金是指政府财政代为管理的，使用权属于被代管主体的资金。

**第二十七条** 总会计对符合本制度第二十四条负债定义的债务，应当在对其承担偿还责任，并且能够可靠地进行货币计量时确认。

符合负债定义并确认的负债项目，应当列入资产负债表。政府财政承担或有责任（偿债责任需要通过未来不确定事项的发生或不发生予以证实）的负债，不列入资产负债表，但应当在报表附注中披露。

**第二十八条** 总会计核算的负债，应当按照承担的相关合同金额或实际发生金额进行计量。

## 第五章 净 资 产

**第二十九条** 净资产是指政府财政资产减去负债的差额。

**第三十条** 总会计核算的净资产包括一般公共预算结转结余、政府性基金预算结转结余、国有资本经营预算结转结余、财政专户管理资金结余、专用基金结余、预算稳定调节基金、预算周转金、资产基金和待偿债净资产。

一般公共预算结转结余是指一般公共预算收支的执行结果。

政府性基金预算结转结余是指政府性基金预算收支的执行结果。

国有资本经营预算结转结余是指国有资本经营预算收支的执行结果。

财政专户管理资金结余是指纳入财政专户管理的教育收费等资金收支的执行结果。

专用基金结余是指专用基金收支的执行结果。

预算稳定调节基金是指政府财政安排用于弥补以后年度预算资金不足的储备资金。

预算周转金是指政府财政为调剂预算年度内季节性收支差额，保证及时用款而设置的库款周转资金。

资产基金是指政府财政持有的债权和股权投资等资产（与其相关的资金收支纳入预算管理）在净资产中占用的金额。

待偿债净资产是指政府财政承担应付短期政府债券、应付长期政府债券、借入款项、应付地方政府债券转贷款、应付主权外债转贷款、其他负债等负债（与其相关的资金收支纳入预算管理）而相应需在净资产中冲减的金额。

**第三十一条** 各项结转结余应每年结算一次。

## 第六章 收　入

**第三十二条** 收入是指政府财政为实现政府职能，根据法律法规等所筹集的资金。

**第三十三条** 总会计核算的收入包括一般公共预算本级收入、政府性基金预算本级收入、国有资本经营预算本级收入、财政专户管理资金收入、专用基金收入、转移性收入、债务收入、债务转贷收入等。

一般公共预算本级收入是指政府财政筹集的纳入本级一般公共预算管理的税收收入和非税收入。

政府性基金预算本级收入是指政府财政筹集的纳入本级政府性基金预算管理的非税收入。

国有资本经营预算本级收入是指政府财政筹集的纳入本级国有资本经营预算管理的非税收入。

财政专户管理资金收入是指政府财政纳入财政专户管理的教育收费等资金收入。

专用基金收入是指政府财政根据法律法规等规定设立的各项专用基金（包括粮食风险基金等）取得

的资金收入。

转移性收入是指在各级政府财政之间进行资金调拨以及在本级政府财政不同类型资金之间调剂所形成的收入，包括补助收入、上解收入、调入资金和地区间援助收入等。其中，补助收入是指上级政府财政按照财政体制规定或因专项需要补助给本级政府财政的款项，包括上级税收返还、转移支付等。上解收入是指按照财政体制规定由下级政府财政上交给本级政府财政的款项。调入资金是指政府财政为平衡某类预算收支、从其他类型预算资金及其他渠道调入的资金。地区间援助收入是指受援方政府财政收到援助方政府财政转来的可统筹使用的各类援助、捐赠等资金收入。

债务收入是指政府财政根据法律法规等规定，通过发行债券、向外国政府和国际金融组织借款等方式筹集的纳入预算管理的资金收入。

债务转贷收入是指本级政府财政收到上级政府财政转贷的债务收入。

**第三十四条** 一般公共预算本级收入、政府性基金预算本级收入、国有资本经营预算本级收入、财政专户管理资金收入和专用基金收入应当按照实际收到的金额入账。转移性收入应当按照财政体制的规定或实际发生的金额入账。债务收入应当按照实际发行额或借入的金额入账，债务转贷收入应当按照实际收到的转贷金额入账。

已建乡（镇）国库的地区，乡（镇）财政的本级收入以乡（镇）国库收到数为准。县（含县本级）以上各级财政的各项预算收入（含固定收入与共享收入）以缴入基层国库数额为准。

未建乡（镇）国库的地区，乡（镇）财政的本级收入以乡（镇）总会计收到县级财政返回数额为准。

**第三十五条** 总会计应当加强各项收入的管理，严格会计核算手续。对于各项收入的账务处理必须以审核无误的国库入库凭证、预算收入日报表和其他合法凭证为依据。发现错误，应当按照相关规定及时通知有关单位共同更正。

对于已缴入国库和财政专户的收入退库（付），要严格把关，强化监督。凡不属于国家规定的退库（付）项目，一律不得冲退收入。

属于国家规定的退库（付）事项，具体退库（付）程序按财政部的有关规定办理。

# 第七章　支　　出

**第三十六条**　支出是指政府财政为实现政府职能，对财政资金的分配和使用。

**第三十七条**　总会计核算的支出包括一般公共预算本级支出、政府性基金预算本级支出、国有资本经营预算本级支出、财政专户管理资金支出、专用基金支出、转移性支出、债务还本支出、债务转贷支出等。

一般公共预算本级支出是指政府财政管理的由本级政府使用的列入一般公共预算的支出。

政府性基金预算本级支出是指政府财政管理的由本级政府使用的列入政府性基金预算的支出。

国有资本经营预算本级支出是指政府财政管理的由本级政府使用的列入国有资本经营预算的支出。

财政专户管理资金支出是指政府财政用纳入财政专户管理的教育收费等资金安排的支出。

专用基金支出是指政府财政用专用基金收入安排的支出。

转移性支出是指在各级政府财政之间进行资金调拨以及在本级政府财政不同类型资金之间调剂所形成

的支出，包括补助支出、上解支出、调出资金、地区间援助支出等。其中，补助支出是指本级政府财政按财政体制规定或因专项需要补助给下级政府财政的款项，包括对下级的税收返还、转移支付等。上解支出是指按照财政体制规定由本级政府财政上交给上级政府财政的款项。调出资金是指政府财政为平衡预算收支、从某类资金向其他类型预算调出的资金。地区间援助支出是指援助方政府财政安排用于受援方政府财政统筹使用的各类援助、捐赠等资金支出。

债务转贷支出是指本级政府财政向下级政府财政转贷的债务支出。

债务还本支出是指政府财政偿还本级政府承担的债务本金支出。

**第三十八条** 一般公共预算本级支出、政府性基金预算本级支出、国有资本经营预算本级支出一般应当按照实际支付的金额入账，年末可采用权责发生制将国库集中支付结余列支入账。从本级预算支出中安排提取的专用基金，按照实际提取金额列支入账。财政专户管理资金支出、专用基金支出应当按照实际支付的金额入账。转移性支出应当按照财政体制的规定或实际发生的金额入账。债务转贷支出应当按照实际转贷的金额入账。债务还本支出应当按照实际偿还的金额入账。

凡是属于预拨经费的款项，到期转列支出时，应当按本条前款规定列报口径转列支出。

对于收回当年已列支出的款项，应冲销当年支出。对于收回以前年度已列支出的款项，除财政部门另有规定外，应冲销当年支出。

**第三十九条** 总会计应当加强支出管理，科学预测和调度资金，严格按照批准的年度预算和用款计划办理支出，严格审核拨付申请，严格按预算管理规定和拨付实际列报支出，不得办理无预算、无用款计划、超预算、超用款计划的支出，不得任意调整预算支出科目。

对于各项支出的账务处理必须以审核无误的国库划款清算凭证、资金支付凭证和其他合法凭证为依据。

地方各级财政部门除国库集中支付结余外，不得采用权责发生制列支。权责发生制列支只限于年末采用，平时不得采用。

## 第八章 会计科目

**第四十条** 各级总会计应当按照下列规定运用会

计科目：

一、各级总会计应当对有关法律、法规允许进行的经济活动，按照本制度的规定使用会计科目进行核算；不得以本制度规定的会计科目及使用说明作为进行有关经济活动的依据。

二、各级总会计应当按照本制度的规定设置和使用会计科目，不需使用的总账科目可以不用；在不影响会计处理和编报会计报表的前提下，各级总会计可以根据实际情况自行增设本制度规定以外的明细科目，或者自行减少、合并本制度规定的明细科目。

三、各级总会计应当使用本制度统一规定的会计科目编号，不得随意打乱重编。

**第四十一条** 各级总会计适用的会计科目如下：

| 序号 | 科目编号 | 会计科目名称 |
|---|---|---|
| 一、资产类 | | |
| 1 | 1001 | 国库存款 |
| 2 | 1003 | 国库现金管理存款 |
| 3 | 1004 | 其他财政存款 |
| 4 | 1005 | 财政零余额账户存款 |
| 5 | 1006 | 有价证券 |
| 6 | 1007 | 在途款 |

续表1

| 序号 | 科目编号 | 会计科目名称 |
| --- | --- | --- |
| 7 | 1011 | 预拨经费 |
| 8 | 1021 | 借出款项 |
| 9 | 1022 | 应收股利 |
| 10 | 1031 | 与下级往来 |
| 11 | 1036 | 其他应收款 |
| 12 | 1041 | 应收地方政府债券转贷款 |
| 13 | 1045 | 应收主权外债转贷款 |
| 14 | 1071 | 股权投资 |
| 15 | 1081 | 待发国债 |
| 二、负债类 | | |
| 16 | 2001 | 应付短期政府债券 |
| 17 | 2011 | 应付国库集中支付结余 |
| 18 | 2012 | 与上级往来 |
| 19 | 2015 | 其他应付款 |
| 20 | 2017 | 应付代管资金 |
| 21 | 2021 | 应付长期政府债券 |
| 22 | 2022 | 借入款项 |
| 23 | 2026 | 应付地方政府债券转贷款 |
| 24 | 2027 | 应付主权外债转贷款 |
| 25 | 2045 | 其他负债 |
| 26 | 2091 | 已结报支出 |

续表 2

| 序号 | 科目编号 | 会计科目名称 |
| --- | --- | --- |
| 三、净资产类 | | |
| 27 | 3001 | 一般公共预算结转结余 |
| 28 | 3002 | 政府性基金预算结转结余 |
| 29 | 3003 | 国有资本经营预算结转结余 |
| 30 | 3005 | 财政专户管理资金结余 |
| 31 | 3007 | 专用基金结余 |
| 32 | 3031 | 预算稳定调节基金 |
| 33 | 3033 | 预算周转金 |
| 34 | 3081<br>308101<br>308102<br>308103<br>308104 | 资产基金<br>应收地方政府债券转贷款<br>应收主权外债转贷款<br>股权投资<br>应收股利 |
| 35 | 3082<br>308201<br>308202<br>308203<br>308204<br>308205<br>308206 | 待偿债净资产<br>应付短期政府债券<br>应付长期政府债券<br>借入款项<br>应付地方政府债券转贷款<br>应付主权外债转贷款<br>其他负债 |

续表 3

| 序号 | 科目编号 | 会计科目名称 |
|---|---|---|
| **四、收入类** | | |
| 36 | 4001 | 一般公共预算本级收入 |
| 37 | 4002 | 政府性基金预算本级收入 |
| 38 | 4003 | 国有资本经营预算本级收入 |
| 39 | 4005 | 财政专户管理资金收入 |
| 40 | 4007 | 专用基金收入 |
| 41 | 4011 | 补助收入 |
| 42 | 4012 | 上解收入 |
| 43 | 4013 | 地区间援助收入 |
| 44 | 4021 | 调入资金 |
| 45 | 4031 | 动用预算稳定调节基金 |
| 46 | 4041 | 债务收入 |
| 47 | 4042 | 债务转贷收入 |
| **五、支出类** | | |
| 48 | 5001 | 一般公共预算本级支出 |
| 49 | 5002 | 政府性基金预算本级支出 |
| 50 | 5003 | 国有资本经营预算本级支出 |
| 51 | 5005 | 财政专户管理资金支出 |
| 52 | 5007 | 专用基金支出 |
| 53 | 5011 | 补助支出 |
| 54 | 5012 | 上解支出 |

续表4

| 序号 | 科目编号 | 会计科目名称 |
|---|---|---|
| 55 | 5013 | 地区间援助支出 |
| 56 | 5021 | 调出资金 |
| 57 | 5031 | 安排预算稳定调节基金 |
| 58 | 5041 | 债务还本支出 |
| 59 | 5042 | 债务转贷支出 |

**第四十二条** 会计科目使用说明如下：

# 一、资 产 类

## 1001 国库存款

一、本科目核算政府财政存放在国库单一账户的款项。

二、国库存款的主要账务处理如下：

（一）收到预算收入时，借记本科目，贷记有关预算收入科目。当日收入数为负数时，以红字记入（采用计算机记账的，用负数反映）。

（二）收到国库存款利息收入时，借记本科目，贷记“一般公共预算本级收入”科目。

（三）收到缴入国库的来源不清的款项时，借记本科目，贷记“其他应付款”等科目。

(四) 国库库款减少时，按照实际支付的金额，借记有关科目，贷记本科目。

三、本科目期末借方余额反映政府财政国库存款的结存数。

## 1003 国库现金管理存款

一、本科目核算政府财政实行国库现金管理业务存放在商业银行的款项。

二、国库现金管理存款的主要账务处理如下：

(一) 按照国库现金管理有关规定，将库款转存商业银行时，按照存入商业银行的金额，借记本科目，贷记“国库存款”科目。

(二) 国库现金管理存款收回国库时，按照实际收回的金额，借记“国库存款”科目，按照原存入商业银行的存款本金金额，贷记本科目，按照两者的差额，贷记“一般公共预算本级收入”科目。

三、本科目期末借方余额反映政府财政实行国库现金管理业务持有的存款。

## 1004 其他财政存款

一、本科目核算政府财政未列入“国库存款”、

“国库现金管理存款”科目反映的各项存款。

二、本科目应当按照资金性质和存款银行等进行明细核算。

三、其他财政存款的主要账务处理如下：

（一）财政专户收到款项时，按照实际收到的金额，借记本科目，贷记有关科目。

（二）其他财政存款产生的利息收入，除规定作为专户资金收入外，其他利息收入都应缴入国库纳入一般公共预算管理。取得其他财政存款利息收入时，按照实际获得的利息金额，根据以下情况分别处理：

1. 按规定作为专户资金收入的，借记本科目，贷记“应付代管资金”或有关收入科目；

2. 按规定应缴入国库的，借记本科目，贷记“其他应付款”科目。将其他财政存款利息收入缴入国库时，借记“其他应付款”科目，贷记本科目；同时，借记“国库存款”科目，贷记“一般公共预算本级收入”科目。

（三）其他财政存款减少时，按照实际支付的金额，借记有关科目，贷记本科目。

四、本科目期末借方余额反映政府财政持有的其他财政存款。

## 1005　财政零余额账户存款

一、本科目核算财政国库支付执行机构在代理银行办理财政直接支付的业务。财政国库支付执行机构未单设的地区不使用该科目。

二、财政零余额账户存款的主要账务处理如下：

（一）财政国库支付执行机构为预算单位直接支付款项时，借记有关预算支出科目，贷记本科目。

（二）财政国库支付执行机构每日将按部门分“类”、“款”、“项”汇总的预算支出结算清单等结算单与中国人民银行国库划款凭证核对无误后，送总会计结算资金，按照结算的金额，借记本科目，贷记“已结报支出”科目。

三、本科目当日资金结算后一般应无余额。

## 1006　有价证券

一、本科目核算政府财政按照有关规定取得并持有的有价证券金额。

二、本科目应当按照有价证券种类和资金性质进行明细核算。

三、有价证券的主要账务处理如下：

（一）购入有价证券时，按照实际支付的金额，借记本科目，贷记“国库存款”、“其他财政存款”等科目。

（二）转让或到期兑付有价证券时，按照实际收到的金额，借记“国库存款”、“其他财政存款”等科目，按照该有价证券的账面余额，贷记本科目，按其差额，贷记“一般公共预算本级收入”等科目。

四、本科目期末借方余额反映政府财政持有的有价证券金额。

## 1007 在途款

一、本科目核算决算清理期和库款报解整理期内发生的需要通过本科目过渡处理的属于上年度收入、支出等业务的资金数。

二、在途款的主要账务处理如下：

决算清理期和库款报解整理期内收到属于上年度收入时，在上年度账务中，借记本科目，贷记有关收入科目；收回属于上年度拨款或支出时，在上年度账务中，借记本科目，贷记“预拨经费”或有关支出科目。冲转在途款时，在本年度账务中，借记“国库存款”科目，贷记本科目。

三、本科目期末借方余额反映政府财政持有的在途款。

## 1011　预拨经费

一、本科目核算政府财政预拨给预算单位尚未列为预算支出的款项。

二、本科目应当按照预拨经费种类、预算单位等进行明细核算。

三、预拨经费的主要账务处理如下：

（一）拨出款项时，借记本科目，贷记“国库存款”科目。

（二）转列支出或收回预拨款项时，借记“一般公共预算本级支出”、“政府性基金预算本级支出”、“国库存款”等科目，贷记本科目。

四、本科目借方余额反映政府财政年末尚未转列支出或尚待收回的预拨经费数。

## 1021　借出款项

一、本科目核算政府财政按照对外借款管理相关规定借给预算单位临时急需的，并需按期收回的款项。

二、本科目应当按照借款单位等进行明细核算。

三、借出款项的主要账务处理如下：

（一）将款项借出时，按照实际支付的金额，借记本科目，贷记“国库存款”等科目。

（二）收回借款时，按照实际收到的金额，借记“国库存款”等科目，贷记本科目。

四、本科目期末借方余额反映政府财政借给预算单位尚未收回的款项。

## 1022　应收股利

一、本科目核算政府因持有股权投资应当收取的现金股利或利润。

二、本科目应当按照被投资主体进行明细核算。

三、应收股利的主要账务处理如下：

（一）持有股权投资期间被投资主体宣告发放现金股利或利润的，按应上缴政府财政的部分，借记本科目，贷记“资产基金——应收股利”科目；按照相同的金额，借记“资产基金——股权投资”科目，贷记“股权投资（损益调整）”科目。

（二）实际收到现金股利或利润，借记“国库存款”等科目，贷记有关收入科目；按照相同的金额，借记“资产基金——应收股利”科目，贷记本科目。

四、本科目期末借方余额反映政府尚未收回的现金股利或利润。

## 1031　与下级往来

一、本科目核算本级政府财政与下级政府财政的往来待结算款项。

二、本科目应当按照下级政府财政、资金性质等进行明细核算。

三、与下级往来的主要账务处理如下：

（一）借给下级政府财政款项时，借记本科目，贷记“国库存款”科目。

（二）体制结算中应当由下级政府财政上交的收入数，借记本科目，贷记“上解收入”科目。

（三）借款收回、转作补助支出或体制结算应当补助下级政府财政的支出，借记“国库存款”、“补助支出”等有关科目，贷记本科目。

（四）发生上解多交应当退回的，按照应当退回的金额，借记“上解收入”科目，贷记本科目。

（五）发生补助多补应当退回的，按照应当退回的金额，借记本科目，贷记“补助支出”科目。

四、本科目期末借方余额反映下级政府财政欠本级政府财政的款项；期末贷方余额反映本级政府财政欠下级政府财政的款项。

## 1036 其他应收款

一、本科目核算政府财政临时发生的其他应收、暂付、垫付款项。项目单位拖欠外国政府和国际金融组织贷款本息和相关费用导致相关政府财政履行担保责任，代偿的贷款本息费，也通过本科目核算。

二、本科目应当按照资金性质、债务单位等进行明细核算。

三、其他应收款的主要账务处理如下：

（一）发生其他应收款项时，借记本科目，贷记“国库存款”、“其他财政存款”等科目。

（二）收回或转作预算支出时，借记“国库存款”、“其他财政存款”或有关支出科目，贷记本科目。

（三）政府财政对使用外国政府和国际金融组织贷款资金的项目单位履行担保责任，代偿贷款本息费时，借记本科目，贷记“国库存款”、“其他财政存款”等科目。政府财政行使追索权，收回项目单位贷款本息费时，借记“国库存款”、“其他财政存款”等科目，贷记本科目。政府财政最终未收回项目单位贷款本息费，经核准列支时，借记“一般公共预算本级支出”等科目，贷记本科目。

四、本科目应及时清理结算。年终，原则上应无余额。

## 1041　应收地方政府债券转贷款

一、本科目核算本级政府财政转贷给下级政府财政的地方政府债券资金的本金及利息。

二、本科目下应当设置“应收地方政府一般债券转贷款”和“应收地方政府专项债券转贷款”明细科目，其下分别设置“应收本金”和“应收利息”两个明细科目，并按照转贷对象进行明细核算。

三、应收地方政府债券转贷款的主要账务处理如下：

（一）向下级政府财政转贷地方政府债券资金时，按照转贷的金额，借记“债务转贷支出”科目，贷记“国库存款”科目；根据债务管理部门转来的相关资料，按照到期应收回的转贷本金金额，借记本科目，贷记“资产基金——应收地方政府债券转贷款”科目。

（二）期末确认地方政府债券转贷款的应收利息时，根据债务管理部门计算出的转贷款本期应收未收利息金额，借记本科目，贷记“资产基金——应收地方政府债券转贷款”科目。

（三）收回下级政府财政偿还的转贷款本息时，按照收回的金额，借记“国库存款”等科目，贷记“其他应付款”或“其他应收款”科目；根据债务管理部门转来的相关资料，按照收回的转贷款本金及已确认的应收利息金额，借记“资产基金——应收地方政府债券转贷款”科目，贷记本科目。

（四）扣缴下级政府财政的转贷款本息时，按照扣缴的金额，借记“与下级往来”科目，贷记“其他应付款”或“其他应收款”科目；根据债务管理部门转来的相关资料，按照扣缴的转贷款本金及已确认的应收利息金额，借记“资产基金——应收地方政府债券转贷款”科目，贷记本科目。

四、本科目期末借方余额反映政府财政应收未收的地方政府债券转贷款本金和利息。

## 1045　应收主权外债转贷款

一、本科目核算本级政府财政转贷给下级政府财政的外国政府和国际金融组织贷款等主权外债资金的本金及利息。

二、本科目下应当设置“应收本金”和“应收利息”两个明细科目，并按照转贷对象进行明细核算。

三、应收主权外债转贷款的主要账务处理如下：

（一）本级政府财政向下级政府财政转贷主权外债资金，且主权外债最终还款责任由下级政府财政承担的，相关账务处理如下：

1. 本级政府财政支付转贷资金时，根据转贷资金支付相关资料，借记“债务转贷支出”科目，贷记“其他财政存款”科目；根据债务管理部门转来的相关资料，按照实际持有的债权金额，借记本科目，贷记“资产基金——应收主权外债转贷款”科目。

2. 外方将贷款资金直接支付给用款单位或供应商时，本级政府财政根据转贷资金支付相关资料，借记“债务转贷支出”科目，贷记“债务收入”或“债务转贷收入”科目；根据债务管理部门转来的相关资料，按照实际持有的债权金额，借记本科目，贷记“资产基金——应收主权外债转贷款”科目；同时，借记“待偿债净资产”科目，贷记“借入款项”或“应付主权外债转贷款”科目。

（二）期末确认主权外债转贷款的应收利息时，根据债务管理部门计算出转贷款的本期应收未收利息金额，借记本科目，贷记“资产基金——应收主权外债转贷款”科目。

（三）收回转贷给下级政府财政主权外债的本息时，按照收回的金额，借记“其他财政存款”科目，贷记“其他应付款”或“其他应收款”科目；根据债务管理部门转来的相关资料，按照实际收回的转贷款本金及已确认的应收利息金额，借记“资产基金——应收主权外债转贷款”科目，贷记本科目。

（四）扣缴下级政府财政的转贷款本息时，按照扣缴的金额，借记“与下级往来”科目，贷记“其他应付款”或“其他应收款”科目；根据债务管理部门转来的相关资料，按照扣缴的转贷款本金及已确认的应收利息金额，借记“资产基金——应收主权外债转贷款”科目，贷记本科目。

四、本科目期末借方余额反映政府财政应收未收的主权外债转贷款本金和利息。

## 1071　股权投资

一、本科目核算政府持有的各类股权投资。包括国际金融组织股权投资、投资基金股权投资和企业股权投资等。

二、股权投资一般采用权益法进行核算。

三、本科目应当按照“国际金融组织股权投资”、“投资基金股权投资”、“企业股权投资”设置一级明细科目，在一级明细科目下，可根据管理需要，按照被投资主体进行明细核算。对每一被投资主体还可按“投资成本”、“收益转增投资”、“损益调整”、“其他权益变动”进行明细核算。

四、股权投资的主要账务处理如下：

（一）国际金融组织股权投资。

1. 政府财政代表政府认缴国际金融组织股本时，按照实际支付的金额，借记“一般公共预算本级支出”等科目，贷记“国库存款”科目；根据股权投资确认相关资料，按照确定的股权投资成本，借记本科目，贷记“资产基金——股权投资”科目。

2. 从国际金融组织撤出股本时，按照收回的金额，借记“国库存款”科目，贷记“一般公共预算本级支出”科目；根据股权投资清算相关资料，按照实际撤出的股本，借记“资产基金——股权投资”科目，贷记本科目。

（二）投资基金股权投资。

1. 政府财政对投资基金进行股权投资时，按照实际支付的金额，借记“一般公共预算本级支出”等科目，贷记“国库存款”等科目；根据股权投资确认相关资料，按照实际支付的金额，借记本科目（投资成本），按照确定的在被投资基金中占有的权益金额与实际支付金额的差额，借记或贷记本科目（其他权益变动），按照确定的在被投资基金中占有的权益金额，贷记“资产基金——股权投资”科目。

2. 年末，根据政府财政在被投资基金当期净利润或净亏损中占有的份额，借记或贷记本科目（损益调整），贷记或借记“资产基金——股权投资”科目。

3. 政府财政将归属财政的收益留作基金滚动使用时，借记本科目（收益转增投资），贷记本科目（损益调整）。

4. 被投资基金宣告发放现金股利或利润时，按照应上缴政府财政的部分，借记“应收股利”科目，贷记“资产基金——应收股利”科目；同时按照相同的金额，借记“资产基金——股权投资”科目，贷记本科目（损益调整）。

5. 被投资基金发生除净损益以外的其他权益变动时，按照政府财政持股比例计算应享有的部分，借记或贷记本科目（其他权益变动），贷记或借记“资产基金——股权投资”科目。

6. 投资基金存续期满、清算或政府财政从投资基金退出需收回出资时，政府财政按照实际收回的资金，借记“国库存款”等科目，按照收回的原实际出资部分，贷记“一般公共预算本级支出”等科目，按照超出原实际出资的部分，贷记“一般公共预算本级收入”等科目；根据股权投资清算相关资料，按照因收回股权投资而减少在被投资基金中占有的权益金额，借记“资产基金——股权投资”科目，贷记本科目。

（三）企业股权投资。

企业股权投资的账务处理，根据管理条件和管理需要，参照投资基金股权投资的账务处理。

五、本科目期末借方余额反映政府持有的各种股权投资金额。

## 1081　待发国债

一、本科目核算为弥补中央财政预算收支差额，中央财政预计发行国债与实际发行国债之间的差额。

二、待发国债的主要账务处理如下：

年度终了，实际发行国债收入用于债务还本支出后，小于为弥补中央财政预算收支差额中央财政预计发行国债时，按两者的差额，借记本科目，贷记相关科目；实际发行国债收入用于债务还本支出后，大于为弥补中央财政预算收支差额中央财政预计发行国债时，按两者的差额，借记相关科目，贷记本科目。

三、本科目期末借方余额反映中央财政尚未使用的国债发行额度。

## 二、负 债 类

### 2001　应付短期政府债券

一、本科目核算政府财政部门以政府名义发行的期限不超过1年（含1年）的国债和地方政府债券的应付本金和利息。

二、本科目下应当设置“应付国债”、“应付地方政府一般债券”、“应付地方政府专项债券”等一级明细科目，在一级明细科目下，再分别设置“应付本金”、“应付利息”明细科目，分别核算政府债券的应付本金和利息。债务管理部门应当设置相应的辅助账，详细记录每期政府债券金额、种类、期限、发行日、到期日、票面利率、偿还本金及付息情况等。

三、应付短期政府债券的主要账务处理如下：

（一）实际收到短期政府债券发行收入时，按照实际收到的金额，借记“国库存款”科目，按照短期政府债券实际发行额，贷记“债务收入”科目，按照发行收入和发行额的差额，借记或贷记有关支出科目；根据债券发行确认文件等相关债券管理资料，按照到期应付的短期政府债券本金金额，借记“待偿债净资产——应付短期政府债券”科目，贷记本科目。

（二）期末确认短期政府债券的应付利息时，根据债务管理部门计算出的本期应付未付利息金额，借记“待偿债净资产——应付短期政府债券”科目，贷记本科目。

（三）实际支付本级政府财政承担的短期政府债券利息时，借记“一般公共预算本级支出”或“政府性基金预算本级支出”科目，贷记“国库存款”等科目；实际支付利息金额中属于已确认的应付利息部分，还应根据债券兑付确认文件等相关债券管理资料，借记本科目，贷记“待偿债净资产——应付短期政府债券”科目。

（四）实际偿还本级政府财政承担的短期政府债券本金时，借记“债务还本支出”科目，贷记“国库存款”等科目；根据债券兑付确认文件等相关债券管理资料，借记本科目，贷记“待偿债净资产——应付短期政府债券”科目。

（五）省级财政部门采用定向承销方式发行短期

地方政府债券置换存量债务时，根据债权债务确认相关资料，按照置换本级政府存量债务的额度，借记“债务还本支出”科目，贷记“债务收入”科目；根据债务管理部门转来的相关资料，按照置换本级政府存量债务的额度，借记“待偿债净资产——应付短期政府债券”科目，贷记本科目。

四、本科目期末贷方余额，反映政府财政尚未偿还的短期政府债券本金和利息。

## 2011 应付国库集中支付结余

一、本科目核算政府财政采用权责发生制列支、预算单位尚未使用的国库集中支付结余资金。

二、本科目应当根据管理需要，按照政府收支分类科目等进行相应明细核算。

三、应付国库集中支付结余的主要账务处理如下：

（一）年末，对当年形成的国库集中支付结余采用权责发生制列支时，借记有关支出科目，贷记本科目。

（二）以后年度实际支付国库集中支付结余资金时，分以下情况处理：

1. 按原结转预算科目支出的，借记本科目，贷记“国库存款”科目。

2. 调整支出预算科目的，应当按原结转预算科目作冲销处理，借记本科目，贷记有关支出科目。同时，按实际支出预算科目作列支账务处理，借记有关支出科目，贷记“国库存款”科目。

四、本科目期末贷方余额反映政府财政尚未支付的国库集中支付结余。

## 2012　与上级往来

一、本科目核算本级政府财政与上级政府财政的往来待结算款项。

二、本科目应当按照往来款项的类别和项目等进行明细核算。

三、与上级往来的主要账务处理如下：

（一）本级政府财政从上级政府财政借入款或体制结算中发生应上交上级政府财政款项时，借记“国库存款”、“上解支出”等科目，贷记本科目。

（二）本级政府财政归还借款、转作上级补助收入或体制结算中应由上级补给款项时，借记本科目，贷记“国库存款”、“补助收入”等科目。

四、本科目期末贷方余额反映本级政府财政欠上级政府财政的款项；借方余额反映上级政府财政欠本级政府财政的款项。

## 2015　其他应付款

一、本科目核算政府财政临时发生的暂收、应付和收到的不明性质款项。税务机关代征入库的社会保险费、项目单位使用并承担还款责任的外国政府和国际金融组织贷款，也通过本科目核算。

二、本科目应当按照债权单位或资金来源等进行明细核算。

三、其他应付款的主要账务处理如下：

（一）收到暂存款项时，借记“国库存款”、“其他财政存款”等科目，贷记本科目。

（二）将暂存款项清理退还或转作收入时，借记本科目，贷记“国库存款”、“其他财政存款”或有关收入科目。

（三）社会保险费代征入库时，借记“国库存款”科目，贷记本科目。社会保险费国库缴存社保基金财政专户时，借记本科目，贷记“国库存款”科目。

（四）收到项目单位承担还款责任的外国政府和国际金融组织贷款资金时，借记“其他财政存款”科目，贷记本科目；付给项目单位时，借记本科目，贷记“其他财政存款”科目。收到项目单位偿还贷款资金时，借记“其他财政存款”科目，贷记本科目；付给外国政府和国际金融组织项目单位还款资金时，借记本科目，贷记“其他财政存款”科目。

四、本科目期末贷方余额反映政府财政尚未结清的其他应付款项。

## 2017　应付代管资金

一、本科目核算政府财政代为管理的、使用权属于被代管主体的资金。

二、本科目应当根据管理需要进行相关明细核算。

三、应付代管资金的主要账务处理如下：

（一）收到代管资金时，借记“其他财政存款”等科目，贷记本科目。

（二）支付代管资金时，借记本科目，贷记“其他财政存款”等科目。

（三）代管资金产生的利息收入按照相关规定仍属于代管资金的，借记“其他财政存款”等科目，贷记本科目。

四、本科目期末贷方余额反映政府财政尚未支付的代管资金。

## 2021　应付长期政府债券

一、本科目核算政府财政部门以政府名义发行的期限超过1年的国债和地方政府债券的应付本金和利息。

二、本科目下应当设置“应付国债”、“应付地方政府一般债券”、“应付地方政府专项债券”等一级明细科目，在一级明细科目下，再分别设置“应付本金”、“应付利息”明细科目，分别核算政府债券的应付本金和利息。债务管理部门应当设置相应的辅助账，详细记录每期政府债券金额、种类、期限、发行日、到期日、票面利率、偿还本金及付息情况等。

三、应付长期政府债券的主要账务处理如下：

（一）实际收到长期政府债券发行收入时，按照实际收到的金额，借记“国库存款”科目，按照长期政府债券实际发行额，贷记“债务收入”科目，按照发行收入和发行额的差额，借记或贷记有关支出科目；根据债券发行确认文件等相关债券管理资料，按照到期应付的长期政府债券本金金额，借记“待偿债净资产——应付长期政府债券”科目，贷记本科目。

（二）期末确认长期政府债券的应付利息时，根据债务管理部门计算出的本期应付未付利息金额，借记“待偿债净资产——应付长期政府债券”科目，贷记本科目。

（三）实际支付本级政府财政承担的长期政府债券利息时，借记“一般公共预算本级支出”或“政府性基金预算本级支出”科目，贷记“国库存款”等科目；实际支付利息金额中属于已确认的应付利息部分，还应根据债券兑付确认文件等相关债券管理资料，借记本科目，贷记“待偿债净资产——应付长期政府债券”科目。

（四）实际偿还本级政府财政承担的长期政府债券本金时，借记“债务还本支出”科目，贷记“国库存款”等科目；根据债券兑付确认文件等相关债券管理资料，借记本科目，贷记“待偿债净资产——应付长期政府债券”科目。

（五）本级政府财政偿还下级政府财政承担的地方政府债券本息时，借记“其他应付款”或“其他应收款”科目，贷记“国库存款”科目；根据债券兑付确认文件等相关债券管理资料，按照实际偿还的长期政府债券本金及已确认的应付利息金额，借记本科目，贷记“待偿债净资产——应付长期政府债券”

科目。

（六）省级财政部门采用定向承销方式发行长期地方政府债券置换存量债务时，根据债权债务确认相关资料，按照置换本级政府存量债务的额度，借记“债务还本支出”科目，按照置换下级政府存量债务的额度，借记“债务转贷支出”科目，按照置换存量债务的总额度，贷记“债务收入”科目；根据债务管理部门转来的相关资料，按照置换存量债务的总额度，借记“待偿债净资产——应付长期政府债券”科目，贷记本科目。同时，按照置换下级政府存量债务额度，借记“应收地方政府债券转贷款”科目，贷记“资产基金——应收地方政府债券转贷款”科目。

四、本科目期末贷方余额反映政府财政尚未偿还的长期政府债券本金和利息。

## 2022　借入款项

一、本科目核算政府财政部门以政府名义向外国政府和国际金融组织等借入的款项，以及经国务院批准的其他方式借入的款项。

二、本科目下应当设置“应付本金”、“应付利息”明细科目，分别对借入款项的应付本金和利息进行明细核算，还应当按照债权人进行明细核算。债务管理部门应当设置相应的辅助账，详细记录每笔借入款项的期限、借入日期、偿还及付息情况等。

三、借入款项的主要账务处理

（一）借入主权外债的账务处理如下：

1. 本级政府财政收到借入的主权外债资金时，借记“其他财政存款”科目，贷记“债务收入”科目；根据债务管理部门转来的相关资料，按照实际承担的债务金额，借记“待偿债净资产——借入款项”科目，贷记本科目。

2. 本级政府财政借入主权外债，且由外方将贷款资金直接支付给用款单位或供应商时，应根据以下情况分别处理：

（1）本级政府财政承担还款责任，贷款资金由本级政府财政同级部门（单位）使用的，本级政府财政部门根据贷款资金支付相关资料，借记“一般公共预算本级支出”等科目，贷记“债务收入”科目；根据债务管理部门转来的相关资料，按照实际承担的债务金额，借记“待偿债净资产——借入款项”科目，贷记本科目。

（2）本级政府财政承担还款责任，贷款资金由下级政府财政同级部门（单位）使用的，本级政府财政部门根据贷款资金支付相关资料及预算指标文件，借记“补助支出”科目，贷记“债务收入”科目；根据债务管理部门转来的相关资料，按照实际承担的债务金额，借记“待偿债净资产——借入款项”科目，贷记本科目。

（3）下级政府财政承担还款责任，贷款资金由下级政府财政同级部门（单位）使用的，本级政府财政部门根据贷款资金支付相关资料，借记“债务转贷支出”科目，贷记“债务收入”科目；根据债务管理部门转来的相关资料，按照实际承担的债务金额，借记“待偿债净资产——借入款项”科目，贷记本科目；同时，借记“应收主权外债转贷款”科目，贷记“资产基金——应收主权外债转贷款”科目。

3. 期末确认借入主权外债的应付利息时，根据债务管理部门计算出的本期应付未付利息金额，借记“待偿债净资产——借入款项”科目，贷记本科目。

4. 偿还本级政府财政承担的借入主权外债本金时，借记“债务还本支出”科目，贷记“国库存款”、“其他财政存款”等科目；根据债务管理部门转来的相关资料，按照实际偿还的本金金额，借记本科目，贷记“待偿债净资产——借入款项”科目。

5. 偿还本级政府财政承担的借入主权外债利息时，借记“一般公共预算本级支出”等科目，贷记“国库存款”、“其他财政存款”等科目；实际偿还利息金额中属于已确认的应付利息部分，还应根据债务管理部门转来的相关资料，借记本科目，贷记“待偿债净资产——借入款项”科目。

6. 偿还下级政府财政承担的借入主权外债的本息时，借记“其他应付款”或“其他应收款”科目，贷记“国库存款”、“其他财政存款”等科目；根据债务管理部门转来的相关资料，按照实际偿还的本金及已确认的应付利息金额，借记本科目，贷记“待偿债净资产——借入款项”科目。

7. 被上级政府财政扣缴借入主权外债的本息时，借记“其他应收款”科目，贷记“与上级往来”科目；根据债务管理部门转来的相关资料，按照实际扣缴的本金及已确认的应付利息金额，借记本科目，贷记“待偿债净资产——借入款项”科目。列报支出时，对应由本级政府财政承担的还本支出，借记“债务还本支出”科目，贷记“其他应收款”科目；对应由本级政府财政承担的利息支出，借记“一般公共预算本级支出”等科目，贷记“其他应收款”科目。

8. 债权人豁免本级政府财政承担偿还责任的借入主权外债本息时，根据债务管理部门转来的相关资料，按照被豁免的本金及已确认的应付利息金额，借记本科目，贷记“待偿债净资产——借入款项”科目。

债权人豁免下级政府财政承担偿还责任的借入主权外债本息时，根据债务管理部门转来的相关资料，按照被豁免的本金及已确认的应付利息金额，借记本科目，贷记“待偿债净资产——借入款项”科目；同时，借记“资产基金——应收主权外债转贷款”科目，贷记“应收主权外债转贷款”科目。

（二）其他借入款项账务处理参照本科目使用说明中借入主权外债业务的账务处理。

四、本科目期末贷方余额反映本级政府财政尚未偿还的借入款项本金和利息。

## 2026　应付地方政府债券转贷款

一、本科目核算地方政府财政从上级政府财政借入的地方政府债券转贷款的本金和利息。

二、本科目下应当设置“应付地方政府一般债券转贷款”和“应付地方政府专项债券转贷款”一级明细科目，在一级明细科目下再分别设置“应付本金”和“应付利息”两个明细科目，分别对应付本金和利息进行明细核算。

三、应付地方政府债券转贷款的主要账务处理如下：

（一）收到上级政府财政转贷的地方政府债券资金时，借记“国库存款”科目，贷记“债务转贷收入”科目；根据债务管理部门转来的相关资料，按照到期应偿还的转贷款本金金额，借记“待偿债净资产——应付地方政府债券转贷款”科目，贷记本科目。

（二）期末确认地方政府债券转贷款的应付利息时，根据债务管理部门计算出的本期应付未付利息金额，借记“待偿债净资产——应付地方政府债券转贷款”科目，贷记本科目。

（三）偿还本级政府财政承担的地方政府债券转贷款本金时，借记“债务还本支出”科目，贷记“国库存款”等科目；根据债务管理部门转来的相关资料，按照实际偿还的本金金额，借记本科目，贷记“待偿债净资产——应付地方政府债券转贷款”科目。

（四）偿还本级政府财政承担的地方政府债券转贷款的利息时，借记“一般公共预算本级支出”或

"政府性基金预算本级支出"科目，贷记"国库存款"等科目；实际支付利息金额中属于已确认的应付利息部分，还应根据债务管理部门转来的相关资料，借记本科目，贷记"待偿债净资产——应付地方政府债券转贷款"科目。

（五）偿还下级政府财政承担的地方政府债券转贷款的本息时，借记"其他应付款"或"其他应收款"科目，贷记"国库存款"等科目；根据债务管理部门转来的相关资料，按照实际偿还的本金及已确认的应付利息金额，借记本科目，贷记"待偿债净资产——应付地方政府债券转贷款"科目。

（六）被上级政府财政扣缴地方政府债券转贷款本息时，借记"其他应收款"科目，贷记"与上级往来"科目；根据债务管理部门转来的相关资料，按照实际扣缴的本金及已确认的应付利息金额，借记本科目，贷记"待偿债净资产——应付地方政府债券转贷款"科目。列报支出时，对本级政府财政承担的还本支出，借记"债务还本支出"科目，贷记"其他应收款"科目；对本级政府财政承担的利息支出，借记"一般公共预算本级支出"或"政府性基金预算本级支出"科目，贷记"其他应收款"科目。

（七）采用定向承销方式发行地方政府债券置换

存量债务时，省级以下（不含省级）财政部门根据上级财政部门提供的债权债务确认相关资料，按照置换本级政府存量债务的额度，借记“债务还本支出”科目，按照置换下级政府存量债务的额度，借记“债务转贷支出”科目，按照置换存量债务的总额度，贷记“债务转贷收入”科目；根据债务管理部门转来的相关资料，按照置换存量债务的总额度，借记“待偿债净资产——应付地方政府债券转贷款”科目，贷记本科目。同时，按照置换下级政府存量债务额度，借记“应收地方政府债券转贷款”科目，贷记“资产基金——应收地方政府债券转贷款”科目。

四、本科目期末贷方余额反映本级政府财政尚未偿还的地方政府债券转贷款的本金和利息。

## 2027　应付主权外债转贷款

一、本科目核算本级政府财政从上级政府财政借入的主权外债转贷款的本金和利息。

二、本科目下应当设置“应付本金”和“应付利息”两个明细科目，分别对应付本金和利息进行明细核算。

三、应付主权外债转贷款的主要账务处理如下：

（一）收到上级政府财政转贷的主权外债资金时，借记“其他财政存款”科目，贷记“债务转贷收入”科目；根据债务管理部门转来的相关资料，按照实际承担的债务金额，借记“待偿债净资产——应付主权外债转贷款”科目，贷记本科目。

（二）从上级政府财政借入主权外债转贷款，且由外方将贷款资金直接支付给用款单位或供应商时，应根据以下情况分别处理：

1. 本级政府财政承担还款责任，贷款资金由本级政府财政同级部门（单位）使用的，本级政府财政根据贷款资金支付相关资料，借记“一般公共预算本级支出”等科目，贷记“债务转贷收入”科目；根据债务管理部门转来的相关资料，按照实际承担的债务金额，借记“待偿债净资产——应付主权外债转贷款”科目，贷记本科目。

2. 本级政府财政承担还款责任，贷款资金由下级政府财政同级部门（单位）使用的，本级政府财政部门根据贷款资金支付相关资料及预算指标文件，借记“补助支出”科目，贷记“债务转贷收入”科目；根据债务管理部门转来的相关资料，按照实际承担的债务金额，借记“待偿债净资产——应付主权外债转贷款”科目，贷记本科目。

3. 下级政府财政承担还款责任，贷款资金由下级政府财政同级部门（单位）使用的，本级政府财政部门根据贷款资金支付相关资料，借记“债务转贷支出”科目，贷记“债务转贷收入”；根据债务管理部门转来的相关资料，按照实际承担的债务金额，借记“待偿债净资产——应付主权外债转贷款”科目，贷记本科目；同时，借记“应收主权外债转贷款”科目，贷记“资产基金——应收主权外债转贷款”科目。

（三）期末确认主权外债转贷款的应付利息时，按照债务管理部门计算出的本期应付未付利息金额，借记“待偿债净资产——应付主权外债转贷款”科目，贷记本科目。

（四）偿还本级政府财政承担的借入主权外债转贷款的本金时，借记“债务还本支出”科目，贷记“其他财政存款”等科目；根据债务管理部门转来的相关资料，按照实际偿还的本金金额，借记本科目，贷记“待偿债净资产——应付主权外债转贷款”科目。

（五）偿还本级政府财政承担的借入主权外债转贷款的利息时，借记“一般公共预算本级支出”等科目，贷记“其他财政存款”等科目；实际偿还利息金额中属于已确认的应付利息部分，还应根据债务管理部门转来的相关资料，借记本科目，贷记“待偿债净资产——应付主权外债转贷款”科目。

（六）偿还下级政府财政承担的借入主权外债转贷款的本息时，借记“其他应付款”或“其他应收款”科目，贷记“其他财政存款”等科目；根据债务管理部门转来的相关资料，按照实际偿还的本金及已确认的应付利息金额，借记本科目，贷记“待偿债净资产——应付主权外债转贷款”科目。

（七）被上级政府财政扣缴借入主权外债转贷款的本息时，借记“其他应收款”科目，贷记“与上级往来”科目；根据债务管理部门转来的相关资料，按照被扣缴的本金及已确认的应付利息金额，借记本科目，贷记“待偿债净资产——应付主权外债转贷款”科目。列报支出时，对本级政府财政承担的还本支出，借记“债务还本支出”科目，贷记“其他应收款”科目；对本级政府财政承担的利息支出，借记“一般公共预算本级支出”等科目，贷记“其他应收款”科目。

（八）上级政府财政豁免主权外债转贷款本息时，根据以下情况分别处理：

1. 豁免本级政府财政承担偿还责任的主权外债转贷款本息时，根据债务管理部门转来的相关资料，按照豁免转贷款的本金及已确认的应付利息金额，借记本科目，贷记“待偿债净资产——应付主权外债转贷款”科目。

2. 豁免下级政府财政承担偿还责任的主权外债转贷款本息时，根据债务管理部门转来的相关资料，按照豁免转贷款的本金及已确认的应付利息金额，借记本科目，贷记“待偿债净资产——应付主权外债转贷款”科目；同时，借记“资产基金——应收主权外债转贷款”科目，贷记“应收主权外债转贷款”科目。

四、本科目期末贷方余额反映本级政府财政尚未偿还的主权外债转贷款本金和利息。

## 2045　其他负债

一、本科目核算政府财政因有关政策明确要求其承担支出责任的事项而形成的应付未付款项。

二、本科目应当按照债权单位和项目等进行明细核算。

三、其他负债的主要账务处理如下：

（一）有关政策已明确政府财政承担的支出责任，按照确定应承担的负债金额，借记“待偿债净资产”科目，贷记本科目。

（二）实际偿还负债时，借记有关支出等科目，贷记“国库存款”等科目；同时，按照相同的金额，借记本科目，贷记“待偿债净资产”科目。

四、本科目贷方余额反映政府财政承担的尚未支付的其他负债余额。

## 2091　已结报支出

一、本科目核算政府财政国库支付执行机构已清算的国库集中支付支出数额。财政国库支付执行机构未单设的地区，不使用该科目。

二、已结报支出的主要账务处理如下：

（一）每日汇总清算后，财政国库支付执行机构会计根据有关划款凭证回执联和按部门分“类”、“款”、“项”汇总的《预算支出结算清单》，对于财政直接支付，借记“财政零余额账户存款”科目，贷记本科目；对于财政授权支付，借记“一般公共预算本级支出”、“政府性基金预算本级支出”、“国有资本经营预算本级支出”等科目，贷记本科目。

（二）年终财政国库支付执行机构按照累计结清的支出金额，与有关方面核对一致后转账时，借记本科目，贷记“一般公共预算本级支出”、“政府性基金预算本级支出”、“国有资本经营预算本级支出”等科目。

三、本科目年终转账后无余额。

## 三、净资产类

### 3001 一般公共预算结转结余

一、本科目核算政府财政纳入一般公共预算管理的收支相抵形成的结转结余。

二、一般公共预算结转结余的主要账务处理如下：

（一）年终转账时，将一般公共预算的有关收入科目贷方余额转入本科目的贷方，借记“一般公共预算本级收入”、“补助收入——一般公共预算补助收入”、“上解收入——一般公共预算上解收入”、“地区间援助收入”、“调入资金——一般公共预算调入资金”、“债务收入（一般债务收入）”、“债务转贷收入（地方政府一般债务转贷收入）”、“动用预算稳定调节基金”等科目，贷记本科目；将一般公共预算的有关支出科目借方余额转入本科目的借方，借记本科目，贷记“一般公共预算本级支出”、“上解支出——一般公共预算上解支出”、“补助支出——一般公共预算补助支出”、“地区间援助支出”、“调出资金——一般公共预算调出资金”、“安排预算稳定调节基金”、“债务转贷支出（地方政府一般债务转贷支出）”、“债务还本支出（一般债务还本支出）”等科目。

（二）设置和补充预算周转金时，借记本科目，贷记“预算周转金”科目。

三、本科目年终贷方余额反映一般公共预算收支相抵后的滚存结转结余。

## 3002　政府性基金预算结转结余

一、本科目核算政府财政纳入政府性基金预算管理的收支相抵形成的结转结余。

二、本科目应当根据管理需要，按照政府性基金的种类进行明细核算。

三、政府性基金预算结转结余的主要账务处理如下：

年终转账时，应将政府性基金预算的有关收入科目贷方余额按照政府性基金种类分别转入本科目下相应明细科目的贷方，借记“政府性基金预算本级收入”、“补助收入——政府性基金预算补助收入”、“上解收入——政府性基金预算上解收入”、“调入资金——政府性基金预算调入资金”、“债务收入——

专项债务收入”、“债务转贷收入——地方政府专项债务转贷收入”等科目，贷记本科目；将政府性基金预算的有关支出科目借方余额按照政府性基金种类分别转入本科目下相应明细科目的借方，借记本科目，贷记“政府性基金预算本级支出”、“上解支出——政府性基金预算上解支出”、“补助支出——政府性基金预算补助支出”、“调出资金——政府性基金预算调出资金”、“债务还本支出——专项债务还本支出”、“债务转贷支出——地方政府专项债务转贷支出”等科目。

四、本科目年终贷方余额反映政府性基金预算收支相抵后的滚存结转结余。

## 3003　国有资本经营预算结转结余

一、本科目核算政府财政纳入国有资本经营预算管理的收支相抵形成的结转结余。

二、国有资本经营预算结转结余的主要账务处理如下：

年终转账时，应将国有资本经营预算的有关收入科目贷方余额转入本科目贷方，借记“国有资本经营预算本级收入”等科目，贷记本科目；将国有资本经营预算的有关支出科目借方余额转入本科目借方，借记本科目，贷记“国有资本经营预算本级支出”、“调出资金——国有资本经营预算调出资金”等科目。

三、本科目年终贷方余额反映国有资本经营预算收支相抵后的滚存结转结余。

## 3005　财政专户管理资金结余

一、本科目核算政府财政纳入财政专户管理的教育收费等资金收支相抵后形成的结余。

二、本科目应当根据管理需要，按照部门（单位）等进行明细核算。

三、年终转账时，将财政专户管理资金的有关收入科目贷方余额转入本科目贷方，借记“财政专户管理资金收入”等科目，贷记本科目；将财政专户管理资金的有关支出科目借方余额转入本科目借方，借记本科目，贷记“财政专户管理资金支出”等科目。

四、本科目年终贷方余额反映政府财政纳入财政专户管理的资金收支相抵后的滚存结余。

## 3007　专用基金结余

一、本科目核算政府财政管理的专用基金收支相抵形成的结余。

二、本科目应当根据专用基金的种类进行明细核算。

三、年终转账时，将专用基金的有关收入科目贷方余额转入本科目贷方，借记“专用基金收入”等科目，贷记本科目；将专用基金的有关支出科目借方余额转入本科目借方，借记本科目，贷记“专用基金支出”等科目。

四、本科目年终贷方余额反映政府财政管理的专用基金收支相抵后的滚存结余。

## 3031　预算稳定调节基金

一、本科目核算政府财政设置的用于弥补以后年度预算资金不足的储备资金。

二、预算稳定调节基金的主要账务处理如下：

（一）使用超收收入或一般公共预算结余补充预算稳定调节基金时，借记“安排预算稳定调节基金”科目，贷记本科目。

（二）将预算周转金调入预算稳定调节基金时，借记“预算周转金”科目，贷记本科目。

（三）调用预算稳定调节基金时，借记本科目，贷记“动用预算稳定调节基金”科目。

三、本科目期末贷方余额反映预算稳定调节基金的规模。

## 3033　预算周转金

一、本科目核算政府财政设置的用于调剂预算年度内季节性收支差额周转使用的资金。预算周转金应根据《中华人民共和国预算法》要求设置。

二、预算周转金的主要账务处理如下：

（一）设置和补充预算周转金时，借记“一般公共预算结转结余”科目，贷记本科目。

（二）将预算周转金调入预算稳定调节基金时，借记本科目，贷记“预算稳定调节基金”科目。

三、本科目期末贷方余额反映预算周转金的规模。

## 3081　资产基金

一、本科目核算政府财政持有的应收地方政府债券转贷款、应收主权外债转贷款、股权投资和应收股利等资产（与其相关的资金收支纳入预算管理）在净资产中占用的金额。

二、本科目下应当设置“应收地方政府债券转贷款”、“应收主权外债转贷款”、“股权投资”、“应收股利”等明细科目，进行明细核算。

三、资产基金的账务处理参见“应收地方政府债券转贷款”、“应收主权外债转贷款”、“股权投资”和“应收股利”等科目的使用说明。

四、本科目期末贷方余额，反映政府财政持有应收地方政府债券转贷款、应收主权外债转贷款、股权投资和应收股利等资产（与其相关的资金收支纳入预算管理）在净资产中占用的金额。

## 3082 待偿债净资产

一、本科目核算政府财政因发生应付政府债券、借入款项、应付地方政府债券转贷款、应付主权外债转贷款、其他负债等负债（与其相关的资金收支纳入预算管理）相应需在净资产中冲减的金额。

二、本科目下应当设置“应付短期政府债券”、“应付长期政府债券”、“借入款项”、“应付地方政府债券转贷款”、“应付主权外债转贷款”、“其他负债”等明细科目，进行明细核算。

三、待偿债净资产的账务处理参见“应付短期政府债券”、“应付长期政府债券”、“借入款项”、“应付地方政府债券转贷款”、“应付主权外债转贷款”和“其他负债”等科目的使用说明。

四、本科目期末借方余额，反映政府财政承担应付政府债券、借入款项、应付地方政府债券转贷款、应付主权外债转贷款和其他负债等负债（与其相关的资金收支纳入预算管理）而相应需冲减净资产的金额。

## 四、收　入　类

### 4001　一般公共预算本级收入

一、本科目核算政府财政筹集的纳入本级一般公共预算管理的税收收入和非税收入。

二、本科目应当根据《政府收支分类科目》中“一般公共预算收入科目”规定进行明细核算。

三、一般公共预算本级收入的主要账务处理如下：

（一）收到款项时，根据当日预算收入日报表所列一般公共预算本级收入数，借记“国库存款”等科目，贷记本科目。

（二）年终转账时，本科目贷方余额全数转入“一般公共预算结转结余”科目，借记本科目，贷记“一般公共预算结转结余”科目。结转后，本科目无余额。

四、本科目平时贷方余额反映一般公共预算本级收入的累计数。

## 4002　政府性基金预算本级收入

一、本科目核算政府财政筹集的纳入本级政府性基金预算管理的非税收入。

二、本科目应当根据《政府收支分类科目》中“政府性基金预算收入科目”规定进行明细核算。

三、政府性基金预算本级收入的主要账务处理如下：

（一）收到款项时，根据当日预算收入日报表所列政府性基金预算本级收入数，借记“国库存款”等科目，贷记本科目。

（二）年终转账时，本科目贷方余额全数转入“政府性基金预算结转结余”科目，借记本科目，贷记“政府性基金预算结转结余”科目。结转后，本科目无余额。

四、本科目平时贷方余额反映政府性基金预算本级收入的累计数。

## 4003　国有资本经营预算本级收入

一、本科目核算政府财政筹集的纳入本级国有资本经营预算管理的非税收入。

二、本科目应当根据《政府收支分类科目》中“国有资本经营预算收入科目”规定进行明细核算。

三、国有资本经营预算本级收入的主要账务处理如下：

（一）收到款项时，根据当日预算收入日报表所列国有资本经营预算本级收入数，借记“国库存款”等科目，贷记本科目。

（二）年终转账时，本科目贷方余额全数转入“国有资本经营预算结转结余”科目，借记本科目，贷记“国有资本经营预算结转结余”科目。结转后，本科目无余额。

四、本科目平时贷方余额反映国有资本经营预算本级收入的累计数。

## 4005　财政专户管理资金收入

一、本科目核算政府财政纳入财政专户管理的教育收费等资金收入。

二、本科目应当按照《政府收支分类科目》中收入分类科目规定进行明细核算。同时，根据管理需要，按部门（单位）等进行明细核算。

三、财政专户管理资金收入的主要账务处理如下：

(一)收到财政专户管理资金时,借记"其他财政存款"科目,贷记本科目。

(二)年终转账时,本科目贷方余额全数转入"财政专户管理资金结余"科目,借记本科目,贷记"财政专户管理资金结余"科目。结转后,本科目无余额。

四、本科目平时贷方余额反映财政专户管理资金收入的累计数。

## 4007 专用基金收入

一、本科目核算政府财政按照法律法规和国务院、财政部规定设置或取得的粮食风险基金等专用基金收入。

二、本科目应当按照专用基金的种类进行明细核算。

三、专用基金收入的主要账务处理如下:

(一)通过预算支出安排取得专用基金收入转入财政专户的,借记"其他财政存款"科目,贷记本科目;同时,借记"一般公共预算本级支出"等科目,贷记"国库存款"、"补助收入"等科目。退回专用基金收入时,借记本科目,贷记"其他财政存款"科目。

（二）通过预算支出安排取得专用基金收入仍存在国库的，借记“一般公共预算本级支出”等科目，贷记“专用基金收入”科目。

（三）年终转账时，本科目贷方余额全数转入“专用基金结余”科目，借记本科目，贷记“专用基金结余”科目。结转后，本科目无余额。

四、本科目平时贷方余额反映取得专用基金收入的累计数。

## 4011　补助收入

一、本科目核算上级政府财政按照财政体制规定或因专项需要补助给本级政府财政的款项，包括税收返还、转移支付等。

二、本科目下应当按照不同的资金性质设置“一般公共预算补助收入”、“政府性基金预算补助收入”等明细科目。

三、补助收入的主要账务处理如下：

（一）收到上级政府财政拨入的补助款时，借记“国库存款”、“其他财政存款”等科目，贷记本科目。

（二）专项转移支付资金实行特设专户管理的，政府财政应当根据上级政府财政下达的预算文件确认补助收入。年度当中收到资金时，借记“其他财政存款”科目，贷记“与上级往来”等科目；年度终了，根据专项转移支付资金预算文件，借记“与上级往来”科目，贷记本科目。

（三）从“与上级往来”科目转入本科目时，借记“与上级往来”科目，贷记本科目。

（四）有主权外债业务的财政部门，贷款资金由本级政府财政同级部门（单位）使用，且贷款的最终还款责任由上级政府财政承担的，本级政府财政部门收到贷款资金时，借记“其他财政存款”科目，贷记本科目；外方将贷款资金直接支付给供应商或用款单位时，借记“一般公共预算本级支出”，贷记本科目。

（五）年终与上级政府财政结算时，根据预算文件，按照尚未收到的补助款金额，借记“与上级往来”科目，贷记本科目。退还或核减补助收入时，借记本科目，贷记“国库存款”、“与上级往来”等科目。

（六）年终转账时，本科目贷方余额应根据不同资金性质分别转入对应的结转结余科目，借记本科目，贷记“一般公共预算结转结余”、“政府性基金预算结转结余”等科目。结转后，本科目无余额。

四、本科目平时贷方余额反映补助收入的累计数。

## 4012　上解收入

一、本科目核算按照体制规定由下级政府财政上交给本级政府财政的款项。

二、本科目下应当按照不同资金性质设置“一般公共预算上解收入”、“政府性基金预算上解收入”等明细科目。同时，还应当按照上解地区进行明细核算。

三、上解收入的主要账务处理如下：

（一）收到下级政府财政的上解款时，借记“国库存款”等科目，贷记本科目。

（二）年终与下级政府财政结算时，根据预算文件，按照尚未收到的上解款金额，借记“与下级往来”科目，贷记本科目。退还或核减上解收入时，借记本科目，贷记“国库存款”、“与下级往来”等科目。

（三）年终转账时，本科目贷方余额应根据不同资金性质分别转入对应的结转结余科目，借记本科目，贷记“一般公共预算结转结余”、“政府性基金预算结转结余”等科目。结转后，本科目无余额。

四、本科目平时贷方余额反映上解收入的累计数。

## 4013　地区间援助收入

一、本科目核算受援方政府财政收到援助方政府财政转来的可统筹使用的各类援助、捐赠等资金收入。

二、本科目应当按照援助地区及管理需要进行相应的明细核算。

三、地区间援助收入的主要账务处理如下：

（一）收到援助方政府财政转来的资金时，借记“国库存款”科目，贷记本科目。

（二）年终转账时，本科目贷方余额全数转入“一般公共预算结转结余”科目，借记本科目，贷记“一般公共预算结转结余”科目。结转后，本科目无余额。

四、本科目平时贷方余额反映地区间援助收入的累计数。

## 4021　调入资金

一、本科目核算政府财政为平衡某类预算收支、从其他类型预算资金及其他渠道调入的资金。

二、本科目下应当按照不同资金性质设置“一般公共预算调入资金”、“政府性基金预算调入资金”等明细科目。

三、调入资金的主要账务处理如下：

（一）从其他类型预算资金及其他渠道调入一般公共预算时，按照调入的资金金额，借记“调出资金——政府性基金预算调出资金”、“调出资金——国有资本经营预算调出资金”、“国库存款”等科目，贷记本科目（一般公共预算调入资金）。

（二）从其他类型预算资金及其他渠道调入政府性基金预算时，按照调入的资金金额，借记“调出资金——一般公共预算调出资金”、“国库存款”等科目，贷记本科目（政府性基金预算调入资金）。

（三）年终转账时，本科目贷方余额分别转入相应的结转结余科目，借记本科目，贷记“一般公共预算结转结余”、“政府性基金预算结转结余”等科目。结转后，本科目无余额。

四、本科目平时贷方余额反映调入资金的累计数。

## 4031　动用预算稳定调节基金

一、本科目核算政府财政为弥补本年度预算资金的不足，调用的预算稳定调节基金。

二、动用预算稳定调节基金的主要账务处理如下：

（一）调用预算稳定调节基金时，借记“预算稳定调节基金”科目，贷记本科目。

（二）年终转账时，本科目贷方余额全数转入“一般公共预算结转结余”科目，借记本科目，贷记“一般公共预算结转结余”科目。结转后，本科目无余额。

三、本科目平时贷方余额反映动用预算稳定调节基金的累计数。

## 4041 债务收入

一、本科目核算政府财政按照国家法律、国务院规定以发行债券等方式取得的，以及向外国政府、国际金融组织等机构借款取得的纳入预算管理的债务收入。

二、本科目应当按照《政府收支分类科目》中“债务收入”科目的规定进行明细核算。

三、债务收入的主要账务处理如下：

（一）省级以上政府财政收到政府债券发行收入时，按照实际收到的金额，借记“国库存款”科目，按照政府债券实际发行额，贷记本科目，按照发行收入和发行额的差额，借记或贷记有关支出科目；根据债务管理部门转来的债券发行确认文件等相关资料，按照到期应付的政府债券本金金额，借记“待偿债净资产——应付短期政府债券/应付长期政府债券”科目，贷记“应付短期政府债券”、“应付长期政府债券”等科目。

（二）政府财政向外国政府、国际金融组织等机构借款时，按照借入的金额，借记“国库存款”、“其他财政存款”等科目，贷记本科目；根据债务管理部门转来的相关资料，按照实际承担的债务金额，借记“待偿债净资产——借入款项”科目，贷记“借入款项”科目。

（三）本级政府财政借入主权外债，且由外方将贷款资金直接支付给用款单位或供应商时，应根据以下情况分别处理：

1. 本级政府财政承担还款责任，贷款资金由本级政府财政同级部门（单位）使用的，本级政府财政根据贷款资金支付相关资料，借记“一般公共预算本级支出”科目，贷记本科目；根据债务管理部门转来的相关资料，按照实际承担的债务金额，借记“待偿债净资产——借入款项”科目，贷记“借入款项”科目。

2. 本级政府财政承担还款责任，贷款资金由下级政府财政同级部门（单位）使用的，本级政府财政根据贷款资金支付相关资料及预算指标文件，借记“补助支出”科目，贷记本科目；根据债务管理部门转来的相关资料，按照实际承担的债务金额，借记“待偿债净资产——借入款项”科目，贷记“借入款项”科目。

3. 下级政府财政承担还款责任，贷款资金由下级政府财政同级部门（单位）使用的，本级政府财政根据贷款资金支付相关资料，借记“债务转贷支出”科目，贷记本科目；根据债务管理部门转来的相关资料，按照实际承担的债务金额，借记“待偿债净资产——借入款项”科目，贷记“借入款项”科目；同时，借记“应收主权外债转贷款”科目，贷记“资产基金——应收主权外债转贷款”科目。

（四）年终转账时，本科目下“专项债务收入”明细科目的贷方余额应按照对应的政府性基金种类分别转入“政府性基金预算结转结余”相应明细科目，借记本科目（专项债务收入明细科目），贷记“政府性基金预算结转结余”科目；本科目下其他明细科目的贷方余额全数转入“一般公共预算结转结余”

科目，借记本科目（其他明细科目），贷记“一般公共预算结转结余”科目。结转后，本科目无余额。

四、本科目平时贷方余额反映债务收入的累计数。

## 4042　债务转贷收入

一、本科目核算省级以下（不含省级）政府财政收到上级政府财政转贷的债务收入。

二、本科目下应当设置“地方政府一般债务转贷收入”、“地方政府专项债务转贷收入”明细科目。

三、债务转贷收入的主要账务处理如下：

（一）省级以下（不含省级）政府财政收到地方政府债券转贷收入时，按照实际收到的金额，借记“国库存款”科目，贷记本科目；根据债务管理部门转来的相关资料，按照到期应偿还的转贷款本金金额，借记“待偿债净资产——应付地方政府债券转贷款”科目，贷记“应付地方政府债券转贷款”科目。

（二）省级以下（不含省级）政府财政收到主权外债转贷收入的具体账务处理如下：

1. 本级财政收到主权外债转贷资金时，借记“其他财政存款”科目，贷记本科目；根据债务管理部门转来的相关资料，按照实际承担的债务金额，借记“待偿债净资产——应付主权外债转贷款”科目，贷记“应付主权外债转贷款”科目。

2. 从上级政府财政借入主权外债转贷款，且由外方将贷款资金直接支付给用款单位或供应商时，应根据以下情况分别处理：

（1）本级政府财政承担还款责任，贷款资金由本级政府财政同级部门（单位）使用的，本级政府财政根据贷款资金支付相关资料，借记“一般公共预算本级支出”科目，贷记本科目；根据债务管理部门转来的相关资料，按照实际承担的债务金额，借记“待偿债净资产——应付主权外债转贷款”科目，贷记“应付主权外债转贷款”科目。

（2）本级政府财政承担还款责任，贷款资金由下级政府财政同级部门（单位）使用的，本级政府财政根据贷款资金支付相关资料及预算文件，借记“补助支出”科目，贷记本科目；根据债务管理部门转来的相关资料，按照实际承担的债务金额，借记“待偿债净资产——应付主权外债转贷款”科目，贷记“应付主权外债转贷款”科目。

（3）下级政府财政承担还款责任，贷款资金由下级政府财政同级部门（单位）使用的，本级政府财政根据转贷资金支付相关资料，借记“债务转贷支出”科目，贷记本科目；根据债务管理部门转来的相关资料，按照实际承担的债务金额，借记“待偿债净资产——应付主权外债转贷款”科目，贷记“应付主权外债转贷款”科目；同时，借记“应收主权外债转贷款”科目，贷记“资产基金——应收主权外债转贷款”科目。下级政府财政根据贷款资金支付相关资料，借记“一般公共预算本级支出”科目，贷记本科目；根据债务管理部门转来的相关资料，按照实际承担的债务金额，借记“待偿债净资产——应付主权外债转贷款”科目，贷记“应付主权外债转贷款”科目。

（三）年终转账时，本科目下“地方政府一般债务转贷收入”明细科目的贷方余额全数转入“一般公共预算结转结余”科目，借记本科目，贷记“一般公共预算结转结余”科目。本科目下“地方政府专项债务转贷收入”明细科目的贷方余额按照对应的政府性基金种类分别转入“政府性基金预算结转结余”相应明细科目，借记本科目，贷记“政府性基金预算结转结余”科目。结转后，本科目无余额。

四、本科目平时贷方余额反映债务转贷收入的累计数。

# 五、支　出　类

## 5001　一般公共预算本级支出

一、本科目核算政府财政管理的由本级政府使用的列入一般公共预算的支出。

二、本科目应当根据《政府收支分类科目》中支出功能分类科目设置明细科目。同时，根据管理需要，按照支出经济分类科目、部门等进行明细核算。

三、一般公共预算本级支出的主要账务处理如下：

（一）实际发生一般公共预算本级支出时，借记本科目，贷记“国库存款”、“其他财政存款”等科目。

（二）年度终了，对纳入国库集中支付管理的、当年未支而需结转下一年度支付的款项（国库集中支付结余），采用权责发生制确认支出时，借记本科目，贷记“应付国库集中支付结余”科目。

（三）年终转账时，本科目借方余额应全数转入“一般公共预算结转结余”科目，借记“一般公共预算结转结余”科目，贷记本科目。结转后，本科目无余额。

四、本科目平时借方余额反映一般公共预算本级支出的累计数。

## 5002　政府性基金预算本级支出

一、本科目核算政府财政管理的由本级政府使用的列入政府性基金预算的支出。

二、本科目应当按照《政府收支分类科目》中支出功能分类科目设置明细科目。同时，根据管理需要，按照支出经济分类科目、部门等进行明细核算。

三、政府性基金预算本级支出的主要账务处理如下：

（一）实际发生政府性基金预算本级支出时，借记本科目，贷记“国库存款”科目。

（二）年度终了，对纳入国库集中支付管理的、当年未支而需结转下一年度支付的款项（国库集中支付结余），采用权责发生制确认支出时，借记本科目，贷记“应付国库集中支付结余”科目。

（三）年终转账时，本科目借方余额应全数转入“政府性基金预算结转结余”科目，借记“政府性基金预算结转结余”科目，贷记本科目。结转后，本科目无余额。

四、本科目平时借方余额反映政府性基金预算本级支出的累计数。

## 5003 国有资本经营预算本级支出

一、本科目核算政府财政管理的由本级政府使用的列入国有资本经营预算的支出。

二、本科目应当按照《政府收支分类科目》中支出功能分类科目设置明细科目。同时，根据管理需要，按照支出经济分类科目、部门等进行明细核算。

三、国有资本经营预算本级支出的主要账务处理如下：

（一）实际发生国有资本经营预算本级支出时，借记本科目，贷记“国库存款”科目。

（二）年度终了，对纳入国库集中支付管理的、当年未支而需结转下一年度支付的款项（国库集中支付结余），采用权责发生制确认支出时，借记本科目，贷记“应付国库集中支付结余”科目。

（三）年终转账时，本科目借方余额应全数转入“国有资本经营预算结转结余”科目，借记“国有资本经营预算结转结余”科目，贷记本科目。结转后，本科目无余额。

四、本科目平时借方余额反映国有资本经营预算本级支出的累计数。

## 5005　财政专户管理资金支出

一、本科目核算政府财政用纳入财政专户管理的教育收费等资金安排的支出。

二、本科目应当按照《政府收支分类科目》中支出功能分类科目设置相应明细科目。同时，根据管理需要，按照支出经济分类科目、部门（单位）等进行明细核算。

三、财政专户管理资金支出的主要账务处理如下：

（一）发生财政专户管理资金支出时，借记本科目，贷记“其他财政存款”等有关科目。

（二）年终转账时，本科目借方余额全数转入“财政专户管理资金结余”科目，借记“财政专户管理资金结余”科目，贷记本科目。结转后，本科目无余额。

四、本科目平时借方余额反映财政专户管理资金支出的累计数。

## 5007　专用基金支出

一、本科目核算政府财政用专用基金收入安排的支出。

二、本科目应当根据专用基金的种类设置明细科目。同时，根据管理需要，按部门等进行明细核算。

三、专用基金支出的主要账务处理如下：

（一）发生专用基金支出时，借记本科目，贷记“其他财政存款”等有关科目。退回专用基金支出时，做相反的会计分录。

（二）年终转账时，本科目借方余额全数转入“专用基金结余”科目，借记“专用基金结余”科目，贷记本科目。结转后，本科目无余额。

四、本科目平时借方余额反映专用基金支出的累计数。

## 5011　补助支出

一、本科目核算本级政府财政按财政体制规定或因专项需要补助给下级政府财政的款项，包括对下级的税收返还、转移支付等。

二、本科目下应当按照不同资金性质设置“一般公共预算补助支出”、“政府性基金预算补助支出”等明细科目，同时还应当按照补助地区进行明细核算。

三、补助支出的主要账务处理如下：

（一）发生补助支出或从“与下级往来”科目转入时，借记本科目，贷记“国库存款”、“其他财政存款”、“与下级往来”等科目。

（二）专项转移支付资金实行特设专户管理的，本级政府财政应当根据本级政府财政下达的预算文件确认补助支出，借记本科目，贷记“国库存款”、“与下级往来”等科目。

（三）有主权外债业务的财政部门，贷款资金由下级政府财政同级部门（单位）使用，且贷款最终还款责任由本级政府财政承担的，本级政府财政部门支付贷款资金时，借记本科目，贷记“其他财政存款”科目；外方将贷款资金直接支付给用款单位或供应商时，借记本科目，贷记“债务收入”、“债务转贷收入”等科目；根据债务管理部门转来的相关外债转贷管理资料，按照实际支付的金额，借记“待偿债净资产”科目，贷记“借入款项”、“应付主权外债转贷款”等科目。

（四）年终与下级政府财政结算时，按照尚未拨付的补助金额，借记本科目，贷记“与下级往来”科目。退还或核减补助支出时，借记“国库存款”、“与下级往来”等科目，贷记本科目。

（五）年终转账时，本科目借方余额应根据不同资金性质分别转入对应的结转结余科目，借记“一般公共预算结转结余”、“政府性基金预算结转结余”等科目，贷记本科目。结转后，本科目无余额。

四、本科目平时借方余额反映补助支出的累计数。

## 5012　上解支出

一、本科目核算本级政府财政按照财政体制规定上交给上级政府财政的款项。

二、本科目下应当按照不同资金性质设置“一般公共预算上解支出”、“政府性基金预算上解支出”等明细科目。

三、上解支出的主要账务处理如下：

（一）发生上解支出时，借记本科目，贷记“国库存款”、“与上级往来”等科目。

（二）年终与上级政府财政结算时，按照尚未支付的上解金额，借记本科目，贷记“与上级往来”科目。退还或核减上解支出时，借记“国库存款”、“与上级往来”等科目，贷记本科目。

（三）年终转账时，本科目借方余额应根据不同资金性质分别转入对应的结转结余科目，借记“一般公共预算结转结余”、“政府性基金预算结转结余”

等科目，贷记本科目。结转后，本科目无余额。

四、本科目平时借方余额反映上解支出的累计数。

## 5013　地区间援助支出

一、本科目核算援助方政府财政安排用于受援方政府财政统筹使用的各类援助、捐赠等资金支出。

二、本科目应当按照受援地区及管理需要进行相应明细核算。

三、地区间援助支出的主要账务处理如下：

（一）发生地区间援助支出时，借记本科目，贷记“国库存款”科目。

（二）年终转账时，本科目借方余额全数转入“一般公共预算结转结余”科目，借记“一般公共预算结转结余”科目，贷记本科目。结转后，本科目无余额。

四、本科目平时借方余额反映地区间援助支出的累计数。

## 5021　调出资金

一、本科目核算政府财政为平衡预算收支、从某类资金向其他类型预算调出的资金。

二、本科目下应当设置“一般公共预算调出资金”、“政府性基金预算调出资金”和“国有资本经营预算调出资金”等明细科目。

三、调出资金的主要账务处理如下：

（一）从一般公共预算调出资金时，按照调出的金额，借记本科目（一般公共预算调出资金），贷记“调入资金”相关明细科目。

（二）从政府性基金预算调出资金时，按照调出的金额，借记本科目（政府性基金预算调出资金），贷记“调入资金”相关明细科目。

（三）从国有资本经营预算调出资金时，按照调出的金额，借记本科目（国有资本经营预算调出资金），贷记“调入资金”相关明细科目。

（四）年终转账时，本科目借方余额分别转入相应的结转结余科目，借记“一般公共预算结转结余”、“政府性基金预算结转结余”和“国有资本经营预算结转结余”等科目，贷记本科目。结转后，本科目无余额。

四、本科目平时借方余额反映调出资金的累计数。

## 5031　安排预算稳定调节基金

一、本科目核算政府财政按照有关规定安排的预算稳定调节基金。

二、安排预算稳定调节基金的主要账务处理如下：

（一）补充预算稳定调节基金时，借记本科目，贷记“预算稳定调节基金”科目。

（二）年终转账时，本科目借方余额全数转入“一般公共预算结转结余”科目，借记“一般公共预算结转结余”科目，贷记本科目。结转后，本科目无余额。

三、本科目平时借方余额反映安排预算稳定调节基金的累计数。

## 5041　债务还本支出

一、本科目核算政府财政偿还本级政府财政承担的纳入预算管理的债务本金支出。

二、本科目应当根据《政府收支分类科目》中“债务还本支出”有关规定设置明细科目。

三、债务还本支出的主要账务处理如下：

（一）偿还本级政府财政承担的政府债券、主权外债等纳入预算管理的债务本金时，借记本科目，贷记“国库存款”、“其他财政存款”等科目；根据债务管理部门转来相关资料，按照实际偿还的本金金额，借记“应付短期政府债券”、“应付长期政府债券”、“借入款项”、“应付地方政府债券转贷款”、“应付主权外债转贷款”等科目，贷记“待偿债净资产”科目。

（二）偿还截至2014年12月31日本级政府财政承担的存量债务本金时，借记本科目，贷记“国库存款”、“其他财政存款”等科目。

（三）年终转账时，本科目下“专项债务还本支出”明细科目的借方余额应按照对应的政府性基金种类分别转入“政府性基金预算结转结余”相应明细科目，借记“政府性基金预算结转结余”科目，贷记本科目（专项债务还本支出）。本科目下其他明细科目的借方余额全数转入“一般公共预算结转结余”科目，借记“一般公共预算结转结余”科目，贷记本科目（其他明细科目）。结转后，本科目无余额。

四、本科目平时借方余额反映本级政府财政债务还本支出的累计数。

## 5042　债务转贷支出

一、本科目核算本级政府财政向下级政府财政转贷的债务支出。

二、本科目下应当设置“地方政府一般债务转贷支出”、“地方政府专项债务转贷支出”明细科目，同时还应当按照转贷地区进行明细核算。

三、债务转贷支出的主要账务处理如下：

（一）本级政府财政向下级政府财政转贷地方政府债券资金时，借记本科目，贷记“国库存款”科目；根据债务管理部门转来的相关资料，按照到期应收回的转贷款本金金额，借记“应收地方政府债券转贷款”科目，贷记“资产基金——应收地方政府债券转贷款”科目。

（二）本级政府财政向下级政府财政转贷主权外债资金，且主权外债最终还款责任由下级政府财政承担的，相关账务处理如下：

1. 本级政府财政支付转贷资金时，根据转贷资金支付相关资料，借记“债务转贷支出”科目，贷记“其他财政存款”科目；根据债务管理部门转来的相关资料，按照实际持有的债权金额，借记“应收主权外债转贷款”科目，贷记“资产基金——应收主权外债转贷款”科目。

2. 外方将贷款资金直接支付给用款单位或供应商时，本级政府财政根据转贷资金支付相关资料，借记本科目，贷记“债务收入”、“债务转贷收入”科目；根据债务管理部门转来的相关资料，按照实际持有的债权金额，借记“应收主权外债转贷款”科目，贷记“资产基金——应收主权外债转贷款”科目；同时，借记“待偿债净资产”科目，贷记“借入款项”、“应付主权外债转贷款”等科目。

（三）年终转账时，本科目下“地方政府一般债务转贷支出”明细科目的借方余额全数转入“一般公共预算结转结余”科目，借记“一般公共预算结转结余”科目，贷记“债务转贷支出（地方政府一般债务转贷支出）”科目。本科目下“地方政府专项债务转贷支出”明细科目的借方余额全数转入“政府性基金预算结转结余”科目，借记“政府性基金预算结转结余”科目，贷记“债务转贷支出（地方政府专项债务转贷支出）”科目。结转后，本科目无余额。

四、本科目平时借方余额反映债务转贷支出的累计数。

## 第九章　会计结账和结算

**第四十三条**　总会计应当按月进行会计结账。具体结账方法，按照《会计基础工作规范》办理。

**第四十四条** 政府财政部门应当及时进行年终清理结算。年终清理结算的主要事项如下：

一、核对年度预算。预算是预算执行和办理会计结算的依据。年终前，总会计应配合预算管理部门将本级政府财政全年预算指标与上、下级政府财政总预算和本级各部门预算进行核对，及时办理预算调整和转移支付事项。本年预算调整和对下转移支付一般截止到 11 月底；各项预算拨款，一般截止到 12 月 25 日。

二、清理本年预算收支。认真清理本年预算收入，督促征收部门和国家金库年终前如数缴库。应在本年预算支领列报的款项，非特殊原因，应在年终前办理完毕。

清理财政专户管理资金和专用基金收支。凡属应列入本年的收入，应及时催收，并缴入国库或指定财政专户。

三、组织征收部门和国家金库进行年度对账。

四、清理核对当年拨款支出。总会计对本级各单位的拨款支出应与单位的拨款收入核对无误。属于应收回的拨款，应及时收回，并按收回数相应冲减预算支出。属于预拨下年度的经费，不得列入当年预算支出。

五、核实股权、债权和债务。财政部门内部相关资产、债务管理部门应于12月20日前向总会计提供与股权、债权、债务等核算和反映相关的资料。总会计对股权投资、借出款项、应收股利、应收地方政府债券转贷款、应收主权外债转贷款、借入款项、应付短期政府债券、应付长期政府债券、应付地方政府债券转贷款、应付主权外债转贷款、其他负债等余额应与相关管理部门进行核对,记录不一致的要及时查明原因,按规定调整账务,做到账实相符,账账相符。

六、清理往来款项。政府财政要认真清理其他应收款、其他应付款等各种往来款项,在年度终了前予以收回或归还。应转作收入或支出的各项款项,要及时转入本年有关收支账。

七、进行年终财政结算。财政预算管理部门要在年终清理的基础上,于次年元月底前结清上下级政府财政的转移支付收支和往来款项。总会计要按照财政管理体制的规定,根据预算结算单,与年度预算执行过程中已补助和已上解数额进行比较,结合往来款和借垫款情况,计算出全年最后应补或应退数额,填制"年终财政决算结算单",经核对无误后,作为年终财政结算凭证,据以入账。

**第四十五条** 总会计对年终决算清理期内发生的会计事项，应当划清会计年度。属于清理上年度的会计事项，记入上年度会计账；属于新年度的会计事项，记入新年度会计账，防止错记漏记。

**第四十六条** 经过年终清理和结算，把各项结算收支入账后，即可办理年终结账。年终结账工作一般分为年终转账、结清旧账和记入新账三个步骤，依次做账。

一、年终转账。计算出各科目12月份合计数和全年累计数，结出12月末余额，编制结账前的“资产负债表”，再根据收支余额填制记账凭证，将收支分别转入“一般公共预算结转结余”、“政府性基金预算结转结余”、“国有资本经营预算结转结余”、“专用基金结余”、“财政专户管理资金结余”等科目冲销。

二、结清旧账。将各个收入和支出科目的借方、贷方结出全年总计数。对年终有余额的科目，在“摘要”栏内注明“结转下年”字样，表示转入新账。

三、记入新账。根据年终转账后的总账和明细账余额编制年终“资产负债表”和有关明细表（不需填制记账凭证），将表列各科目余额直接记入新年度有关总账和明细账年初余额栏内，并在“摘要”栏注明“上年结转”字样，以区别新年度发生数。

决算经本级人民代表大会常务委员会（或人民代表大会）审查批准后，如需更正原报决算草案收入、支出时，则要相应调整有关账目，重新办理结账事项。

# 第十章　总会计报表

**第四十七条**　总会计报表是反映政府财政预算执行结果和财务状况的书面文件。

**第四十八条**　总会计报表包括资产负债表、收入支出表、一般公共预算执行情况表、政府性基金预算执行情况表、国有资本经营预算执行情况表、财政专户管理资金收支情况表、专用基金收支情况表等会计报表和附注。

资产负债表是反映政府财政在某一特定日期财务状况的报表。资产负债表应当按照资产、负债和净资产分类、分项列示。

收入支出表是反映政府财政在某一会计期间各类财政资金收支余情况的报表。收入支出表根据资金性质按照收入、支出、结转结余的构成分类、分项列示。

一般公共预算执行情况表是反映政府财政在某一会计期间一般公共预算收支执行结果的报表，按照《政府收支分类科目》中一般公共预算收支科目列示。

政府性基金预算执行情况表是反映政府财政在某一会计期间政府性基金预算收支执行结果的报表，按照《政府收支分类科目》中政府性基金预算收支科目列示。

国有资本经营预算执行情况表是反映政府财政在某一会计期间国有资本经营预算收支执行结果的报表，按照《政府收支分类科目》中国有资本经营预算收支科目列示。

财政专户管理资金收支情况表是反映政府财政在某一会计期间纳入财政专户管理的财政专户管理资金全部收支情况的报表，按照相关政府收支分类科目列示。

专用基金收支情况表是反映政府财政在某一会计期间专用基金全部收支情况的报表，按照不同类型的专用基金分别列示。

附注是指对在会计报表中列示项目的文字描述或

明细资料，以及对未能在会计报表中列示项目的说明。

**第四十九条** 总会计报表的格式如下：

### 资产负债表

会财政01表

编制单位：　　　　____年____月____日　　　　单位：元

| 资　产 | 年初余额 | 期末余额 | 负债和净资产 | 年初余额 | 期末余额 |
|---|---|---|---|---|---|
| 流动资产： | | | 流动负债： | | |
| 国库存款 | | | 应付短期政府债券 | | |
| 国库现金管理存款 | | | 应付利息 | | |
| 其他财政存款 | | | 应付国库集中支付结余 | | |
| 有价证券 | | | 与上级往来 | | |
| 在途款 | | | 其他应付款 | | |
| 预拨经费 | | | 应付代管资金 | | |
| 借出款项 | | | 一年内到期的非流动负债 | | |
| 应收股利 | | | 流动负债合计 | | |
| 应收利息 | | | 非流动负债： | | |
| 与下级往来 | | | 应付长期政府债券 | | |
| 其他应收款 | | | 借入款项 | | |

续表

| 资　产 | 年初余额 | 期末余额 | 负债和净资产 | 年初余额 | 期末余额 |
|---|---|---|---|---|---|
| 流动资产合计 | | | 应付地方政府债券转贷款 | | |
| 非流动资产： | | | 应付主权外债转贷款 | | |
| 应收地方政府债券转贷款 | | | 其他负债 | | |
| 应收主权外债转贷款 | | | 非流动负债合计 | | |
| 股权投资 | | | 负债合计 | | |
| 待发国债 | | | 一般公共预算结转结余 | | |
| 非流动资产合计 | | | 政府性基金预算结转结余 | | |
| | | | 国有资本经营预算结转结余 | | |
| | | | 财政专户管理资金结余 | | |
| | | | 专用基金结余 | | |
| | | | 预算稳定调节基金 | | |
| | | | 预算周转金 | | |
| | | | 资产基金 | | |
| | | | 减：待偿债净资产 | | |
| | | | 净资产合计 | | |
| 资产总计 | | | 负债和净资产总计 | | |

## 收入支出表

会财政 02 表

编制单位：　　　　　　　　____年____月　　　　　　　　单位：元

| 项目 | 一般公共预算 | | 政府性基金预算 | | 国有资本经营预算 | | 财政专户管理资金 | | 专用基金 | |
|---|---|---|---|---|---|---|---|---|---|---|
| | 本月数 | 本年累计数 | 本月数 | 本年累计数 | 本月数 | 本年累计数 | 本月数 | 本年累计数 | 本月数 | 本年累计数 |
| 年初结转结余 | | | | | | | | | | |
| 收入合计 | | | | | | | | | | |
| 本级收入 | | | | | | | | | | |
| 其中：来自预算安排的收入 | — | — | — | — | — | — | — | — | | |
| 补助收入 | | | | | — | — | — | — | — | — |
| 上解收入 | | | | | — | — | — | — | — | — |
| 地区间援助收入 | | | — | — | — | — | — | — | — | — |
| 债务收入 | | | | | — | — | — | — | — | — |
| 债务转贷收入 | | | | | — | — | — | — | — | — |
| 动用预算稳定调节基金 | | | — | — | — | — | — | — | — | — |
| 调入资金 | | | | | — | — | — | — | — | — |
| 支出合计 | | | | | | | | | | |
| 本级支出 | | | | | | | | | | |

续表

| 项目 | 一般公共预算 | | 政府性基金预算 | | 国有资本经营预算 | | 财政专户管理资金 | | 专用基金 | |
|---|---|---|---|---|---|---|---|---|---|---|
| | 本月数 | 本年累计数 | 本月数 | 本年累计数 | 本月数 | 本年累计数 | 本月数 | 本年累计数 | 本月数 | 本年累计数 |
| 其中：权责发生制列支 | | | | | | | — | — | — | — |
| 预算安排专用基金的支出 | | | — | — | — | — | — | — | — | — |
| 补助支出 | | | | | — | — | — | — | — | — |
| 上解支出 | | | | | — | — | — | — | — | — |
| 地区间援助支出 | | | — | — | — | — | — | — | — | — |
| 债务还本支出 | | | | | — | — | — | — | — | — |
| 债务转贷支出 | | | | | — | — | — | — | — | — |
| 安排预算稳定调节基金 | | | — | — | — | — | — | — | — | — |
| 调出资金 | | | | | | | — | — | — | — |
| 结余转出 | | | — | — | — | — | — | — | — | — |
| 其中：增设预算周转金 | | | — | — | — | — | — | — | — | — |
| 年末结转结余 | | | | | | | | | | |

注：表中有“—”的部分不必填列。

## 一般公共预算执行情况表

会财政 03 - 1 表

编制单位：　　　　____年____月____旬　　　　单位：元

| 项　目 | 本月（旬）数 | 本年（月）累计数 |
| --- | --- | --- |
| **一般公共预算本级收入** | | |
| 101　税收收入 | | |
| 10101 增值税 | | |
| 1010101 国内增值税 | | |
| …… | | |
| | | |
| **一般公共预算本级支出** | | |
| 201 一般公共服务支出 | | |
| 20101 人大事务 | | |
| 2010101 行政运行 | | |
| …… | | |

## 政府性基金预算执行情况表

会财政 03－2 表

编制单位：　　　　　　____年____月____旬　　　　　　单位：元

| 项　目 | 本月（旬）数 | 本年（月）累计数 |
|---|---|---|
| **政府性基金预算本级收入** | | |
| 10301 政府性基金收入 | | |
| 1030102 农网还贷资金收入 | | |
| 103010201 中央农网还贷资金收入 | | |
| …… | | |
| | | |
| **政府性基金预算本级支出** | | |
| 206 科学技术支出 | | |
| 20610 核电站乏燃料处理处置基金支出 | | |
| 2061001 乏燃料运输 | | |
| …… | | |

## 国有资本经营预算执行情况表

会财政 03 - 3 表

编制单位：　　　　　　____年____月____旬　　　　　　单位：元

| 项　目 | 本月（旬）数 | 本年（月）累计数 |
|---|---|---|
| **国有资本经营预算本级收入** | | |
| 10306 国有资本经营收入 | | |
| 1030601 利润收入 | | |
| 103060103 烟草企业利润收入 | | |
| …… | | |
| | | |
| **国有资本经营预算本级支出** | | |
| 208 社会保障和就业支出 | | |
| 20804 补充全国社会保障基金 | | |
| 2080451 国有资本经营预算补充社保基金支出 | | |
| …… | | |

## 财政专户管理资金收支情况表

会财政 04 表

编制单位：　　　　　　　　____年____月　　　　　　　　单位：元

| 项　目 | 本月数 | 本年累计数 |
|---|---|---|
| 财政专户管理资金收入 | | |
| | | |
| | | |
| | | |
| | | |
| | | |
| 财政专户管理资金支出 | | |
| | | |
| | | |
| | | |
| | | |

**专用基金收支情况表**

会财政 05 表

编制单位：　　　　＿＿年＿＿月　　　　单位：元

| 项　目 | 本月数 | 本年累计数 |
|---|---|---|
| **专用基金收入** | | |
| 粮食风险基金 | | |
| …… | | |
| | | |
| | | |
| **专用基金支出** | | |
| 粮食风险基金 | | |
| …… | | |

**第五十条**　总会计应当按照下列规定编制会计报表：

一、一般公共预算执行情况表、政府性基金预算执行情况表、国有资本经营预算执行情况表应当按旬、月度和年度编制，财政专户管理资金收支情况表和专用基金收支情况表应当按月度和年度编制，收入支出表按月度和年度编制，资产负债表和附注应当至少按年度编制。旬报、月报的报送期限及编报内容应当根据上级政府财政具体要求和本行政区域预算管理的需要办理。

二、总会计应当根据本制度编制并提供真实、完整的会计报表，切实做到账表一致，不得估列代编，弄虚作假。

三、总会计要严格按照统一规定的种类、格式、内容、计算方法和编制口径填制会计报表，以保证全国统一汇总和分析。汇总报表的单位，要把所属单位的报表汇集齐全，防止漏报。

**第五十一条**　总会计报表编制说明如下：

**一、资产负债表的编制说明**

（一）本表“年初余额”栏内各项数字，应当根据上年末资产负债表“期末余额”栏内数字填列。如果本年度资产负债表规定的各个项目的名称和内容同上年度不相一致，应对上年年末资产负债表各项目的名称和数字按照本年度的规定进行调整，填入本表“年初余额”栏内。

（二）本表“期末余额”栏各项目的内容和填列

方法。

1. 资产类项目。

（1）“国库存款”项目，反映政府财政期末存放在国库单一账户的款项金额。本项目应当根据“国库存款”科目的期末余额填列。

（2）“国库现金管理存款”项目，反映政府财政期末实行国库现金管理业务持有的存款金额。本项目应当根据“国库现金管理存款”科目的期末余额填列。

（3）“其他财政存款”项目，反映政府财政期末持有的其他财政存款金额。本项目应当根据“其他财政存款”科目的期末余额填列。

（4）“有价证券”项目，反映政府财政期末持有的有价证券金额。本项目应当根据“有价证券”科目的期末余额填列。

（5）“在途款”项目，反映政府财政期末持有的在途款金额。本项目应当根据“在途款”科目的期末余额填列。

（6）“预拨经费”项目，反映政府财政期末尚未转列支出或尚待收回的预拨经费金额。本项目应当根据“预拨经费”科目的期末余额填列。

（7）“借出款项”项目，反映政府财政期末借给预算单位尚未收回的款项金额。本项目应当根据“借出款项”科目的期末余额填列。

（8）“应收股利”项目，反映政府期末尚未收回的现金股利或利润金额。本项目应当根据“应收股利”科目的期末余额填列。

（9）“应收利息”项目，反映政府财政期末尚未收回应收利息金额。本项目应当根据“应收地方政府债券转贷款”科目和“应收主权外债转贷款”科目下“应收利息”明细科目的期末余额合计数填列。

（10）“与下级往来”项目，正数反映下级政府财政欠本级政府财政的款项金额；负数反映本级政府财政欠下级政府财政的款项金额。本项目应当根据“与下级往来”科目的期末余额填列，期末余额如为借方则以正数填列；如为贷方则以“-”号填列。

（11）“其他应收款”项目，反映政府财政期末尚未收回的其他应收款的金额。本项目应当根据“其他应收款”科目的期末余额填列。

（12）“应收地方政府债券转贷款”项目，反映政府财政期末尚未收回的地方政府债券转贷款的本金金额。本项目应当根据“应收地方政府债券转贷款”科目下“应收本金”明细科目的期末余额填列。

（13）“应收主权外债转贷款”项目，反映政府财政期末尚未收回的主权外债转贷款的本金金额。本项目应当根据“应收主权外债转贷款”科目下的“应收本金”明细科目的期末余额填列。

（14）“股权投资”项目，反映政府期末持有的股权投资的金额。本项目应当根据“股权投资”科目的期末余额填列。

（15）“待发国债”项目，反映中央政府财政期末尚未使用的国债发行额度。本项目应当根据“待发国债”科目的期末余额填列。

2. 负债类项目。

（16）“应付短期政府债券”项目，反映政府财政期末尚未偿还的发行期限不超过1年（含1年）的政府债券的本金金额。本项目应当根据“应付短期政府债券”科目下的“应付本金”明细科目的期末余额填列。

（17）“应付利息”项目，反映政府财政期末尚未支付的应付利息金额。本项目应当根据“应付短期政府债券”、“借入款项”、“应付地方政府债券转贷款”、“应付主权外债转贷款”科目下的“应付利息”明细科目期末余额，以及属于分期付息到期还本的“应付长期政府债券”的“应付利息”明细科目期末余额计算填列。

（18）“应付国库集中支付结余”项目，反映政府财政期末尚未支付的国库集中支付结余金额。本项目应当根据“应付国库集中支付结余”科目的期末余额填列。

（19）“与上级往来”项目，正数反映本级政府财政期末欠上级政府财政的款项金额；负数反映上级政府财政欠本级政府财政的款项金额。本项目应当根据“与上级往来”科目的期末余额填列，如为借方余额则以“－”号填列。

（20）“其他应付款”项目，反映政府财政期末尚未支付的其他应付款的金额。本项目应当根据“其他应付款”科目的期末余额填列。

（21）“应付代管资金”项目，反映政府财政期末尚未支付的代管资金金额。本项目应当根据“应付代管资金”科目的期末余额填列。

（22）“一年内到期的非流动负债”项目，反映政府财政期末承担的1年以内（含1年）到偿还期的非流动负债。本项目应当根据“应付长期政府债券”、“借入款项”、“应付地方政府债券转贷款”、“应付主权外债转贷款”、“其他负债”等科目的期末余额及债务管理部门提供的资料分析填列。

（23）“应付长期政府债券”项目，反映政府财政期末承担的偿还期限超过1年的长期政府债券的本金金额及到期一次还本付息的长期政府债券的应付利息金额。本项目应当根据“应付长期政府债券”科目的期末余额分析填列。

（24）“应付地方政府债券转贷款”项目，反映政府财政期末承担的偿还期限超过1年的地方政府债券转贷款的本金金额。本项目应当根据“应付地方政府债券转贷款”科目下“应付本金”明细科目的期末余额分析填列。

（25）“应付主权外债转贷款”项目，反映政府财政期末承担的偿还期限超过1年的主权外债转贷款的本金金额。本项目应当根据“应付主权外债转贷款”科目下“应付本金”明细科目的期末余额分析填列。

（26）“借入款项”项目，反映政府财政期末承担的偿还期限超过1年的借入款项的本金金额。本项目应当根据“借入款项”科目下“应付本金”明细科目的期末余额分析填列。

（27）“其他负债”项目，反映政府财政期末承担的偿还期限超过1年的其他负债金额。本项目应当根据“其他负债”科目的期末余额分析填列。

3. 净资产类项目。

（28）“一般公共预算结转结余”项目，反映政府财政期末滚存的一般公共预算结转金额。本项目应当根据“一般公共预算结转结余”科目的期末余额填列。

（29）“政府性基金预算结转结余”项目，反映政府财政期末滚存的政府性基金预算结转结余金额。本项目应当根据“政府性基金预算结转结余”科目的期末余额填列。

（30）“国有资本经营预算结转结余”项目，反映政府财政期末滚存的国有资本经营预算结转结余金额。本项目应当根据“国有资本经营预算结转结余”科目的期末余额填列。

（31）“财政专户管理资金结余”项目，反映政府财政期末滚存的财政专户管理资金结余金额。本项目应当根据“财政专户管理资金结余”科目的期末余额填列。

（32）“专用基金结余”项目，反映政府财政期末滚存的专用基金结余金额。本项目应当根据“专用基金结余”科目的期末余额填列。

（33）“预算稳定调节基金”项目，反映政府财政期末预算稳定调节基金的余额。本项目应当根据“预算稳定调节基金”科目的期末余额填列。

（34）“预算周转金”项目，反映政府财政期末预算周转金的余额。本项目应当根据“预算周转金”科目的期末余额填列。

（35）“资产基金”项目，反映政府财政期末持有的应收地方政府债券转贷款、应收主权外债转贷款、股权投资和应收股利等资产在净资产中占用的金额。本项目应当根据“资产基金”科目的期末余额填列。

（36）“待偿债净资产”项目，反映政府财政期末因承担应付短期政府债券、应付长期政府债券、借入款项、应付地方政府债券转贷款、应付主权外债转贷款、其他负债等负债相应需在净资产中冲减的金额。本项目应当根据“待偿债净资产”科目的期末借方余额以“－”号填列。

**二、收入支出表的编制说明**

（一）本表“本月数”栏反映各项目的本月实际发生数。在编制年度收入支出表时，应将本栏改为“上年数”栏，反映上年度各项目的实际发生数；如果本年度收入支出表规定的各个项目的名称和内容同上年度不一致，应对上年度收入支出表各项目的名称和数字按照本年度的规定进行调整，填入本年度收入支出表的“上年数”栏。

本表“本年累计数”栏反映各项目自年初起至报告期末止的累计实际发生数。编制年度收入支出表时，应当将本栏改为“本年数”。

（二）本表“本月数”栏各项目的内容和填列方法：

1. “年初结转结余”项目，反映政府财政本年初各类资金结转结余金额。其中，一般公共预算的“年初结转结余”应当根据“一般公共预算结转结余”科目的年初余额填列；政府性基金预算的“年初结转结余”应当根据“政府性基金预算结转结余”科目的年初余额填列；国有资本经营预算的“年初结转结余”应当根据“国有资本经营预算结转结余”科目的年初余额填列；财政专户管理资金的“年初结转结余”应当根据“财政专户管理资金结余”科目的年初余额填列；专用基金的“年初结转结余”应当根据“专用基金结余”科目的年初余额填列。

2. “收入合计”项目，反映政府财政本期取得的各类资金的收入合计金额。其中，一般公共预算的“收入合计”应当根据属于一般公共预算的“本级收入”、“补助收入”、“上解收入”、“地区间援助收入”、“债务收入”、“债务转贷收入”、“动用预算稳定调节基金”和“调入资金”各行项目金额的合计填列；政府性基金预算的“收入合计”应当根据属于政府性基金预算的“本级收入”、“补助收入”、“上解收入”、“债务收入”、“债务转贷收入”和“调入资金”各行项目金额的合计填列；国有资本经营预算的“收入合计”应当根据属于国有资本经营预算的“本级收入”项目的金额填列；财政专户管理资金的“收入合计”应当根据属于财政专户管理资金的“本级收入”项目的金额填列；专用基金的“收入合计”应当根据属于专用基金的“本级收入”项目的金额填列。

3．“本级收入”项目，反映政府财政本期取得的各类资金的本级收入金额。其中，一般公共预算的“本级收入”应当根据“一般公共预算本级收入”科目的本期发生额填列；政府性基金预算的“本级收入”应当根据“政府性基金预算本级收入”科目的本期发生额填列；国有资本经营预算的“本级收入”应当根据“国有资本经营预算本级收入”科目的本期发生额填列；财政专户管理资金的“本级收入”应当根据“财政专户管理资金收入”科目的本期发生额填列；专用基金的“本级收入”应当根据“专用基金收入”科目的本期发生额填列。

4．“补助收入”项目，反映政府财政本期取得的各类资金的补助收入金额。其中，一般公共预算的“补助收入”应当根据“补助收入”科目下的“一般公共预算补助收入”明细科目的本期发生额填列；政府性基金预算的“补助收入”应当根据“补助收入”科目下的“政府性基金预算补助收入”明细科目的本期发生额填列。

5. “上解收入”项目，反映政府财政本期取得的各类资金的上解收入金额。其中，一般公共预算的“上解收入”应当根据“上解收入”科目下的“一般公共预算上解收入”明细科目的本期发生额填列；政府性基金预算的“上解收入”应当根据“上解收入”科目下的“政府性基金预算上解收入”明细科目的本期发生额填列。

6. “地区间援助收入”项目，反映政府财政本期取得的地区间援助收入金额。本项目应当根据“地区间援助收入”科目的本期发生额填列。

7. “债务收入”项目，反映政府财政本期取得的债务收入金额。其中，一般公共预算的“债务收入”应当根据“债务收入”科目下除“专项债务收入”以外的其他明细科目的本期发生额填列；政府性基金预算的“债务收入”应当根据“债务收入”科目下的“专项债务收入”明细科目的本期发生额填列。

8. “债务转贷收入”项目，反映政府财政本期取得的债务转贷收入金额。其中，一般公共预算的“债务转贷收入”应当根据“债务转贷收入”科目下“地方政府一般债务转贷收入”明细科目的本期发生额填列；政府性基金预算的“债务转贷收入”应当根据“债务转贷收入”科目下的“地方政府专项债务转贷收入”明细科目的本期发生额填列。

9. “动用预算稳定调节基金”项目，反映政府财政本期调用的预算稳定调节基金金额。本项目应当根据“动用预算稳定调节基金”科目的本期发生额填列。

10. “调入资金”项目，反映政府财政本期取得的调入资金金额。其中，一般公共预算的“调入资金”应当根据“调入资金”科目下“一般公共预算调入资金”明细科目的本期发生额填列；政府性基金预算的“调入资金”应当根据“调入资金”科目下“政府性基金预算调入资金”明细科目的本期发生额填列。

11. “支出合计”项目，反映政府财政本期发生的各类资金的支出合计金额。其中，一般公共预算的“支出合计”应当根据属于一般公共预算的“本级支出”、“补助支出”、“上解支出”、“地区间援助支出”、“债务还本支出”、“债务转贷支出”、“安排预算稳定调节基金”和“调出资金”各行项目金额的合计填列；政府性基金预算的“支出合计”应当根据属于政府性基金预算的“本级支出”、“补助支出”、“上解支出”、“债务还本支出”、“债务转贷支出”和“调出资金”各行项目金额的合计填列；国有资本经营预算的“支出合计”应当根据属于国有资本经营预算的“本级支出”和“调出资金”项目金额的合计填列；财政专户管理资金的“支出合计”应当根据属于财政专户管理资金的“本级支出”项目的金额填列；专用基金的“支出合计”应当根据属于专用基金的“本级支出”项目的金额填列。

12.“补助支出”项目，反映政府财政本期发生的各类资金的补助支出金额。其中，一般公共预算的“补助支出”应当根据“补助支出”科目下的“一般公共预算补助支出”明细科目的本期发生额填列；政府性基金预算的“补助支出”应当根据“补助支出”科目下的“政府性基金预算补助支出”明细科目的本期发生额填列。

13.“上解支出”项目，反映政府财政本期发生的各类资金的上解支出金额。其中，一般公共预算的

“上解支出”应当根据“上解支出”科目下的“一般公共预算上解支出”明细科目的本期发生额填列；政府性基金预算的“上解支出”应当根据“上解支出”科目下的“政府性基金预算上解支出”明细科目的本期发生额填列。

14. “地区间援助支出”项目，反映政府财政本期发生的地区间援助支出金额。本项目应当根据“地区间援助支出”科目的本期发生额填列。

15. “债务还本支出”项目，反映政府财政本期发生的债务还本支出金额。其中，一般公共预算的“债务还本支出”应当根据“债务还本支出”科目下除“专项债务还本支出”以外的其他明细科目的本期发生额填列；政府性基金预算的“债务还本支出”应当根据“债务还本支出”科目下的“专项债务还本支出”明细科目的本期发生额填列。

16. “债务转贷支出”项目，反映政府财政本期发生的债务转贷支出金额。其中，一般公共预算的“债务转贷支出”应当根据“债务转贷支出”科目下“地方政府一般债务转贷支出”明细科目的本期发生额填列；政府性基金预算的“债务转贷支出”应当根据“债务转贷支出”科目下的“地方政府专项债务转贷支出”明细科目的本期发生额填列。

17. “安排预算稳定调节基金”项目，反映政府财政本期安排的预算稳定调节基金金额。本项目根据“安排预算稳定调节基金”科目的本期发生额填列。

18. “调出资金”项目，反映政府财政本期发生的各类资金的调出资金金额。其中，一般公共预算的“调出资金”应当根据“调出资金”科目下“一般公共预算调出资金”明细科目的本期发生额填列；政府性基金预算的“调出资金”应当根据“调出资金”科目下“政府性基金预算调出资金”明细科目的本期发生额填列；国有资本经营预算的“调出资金”应当根据“调出资金”科目下“国有资本经营预算调出资金”明细科目的本期发生额填列。

19. “增设预算周转金”项目，反映政府财政本期设置和补充预算周转金的金额。本项目应当根据“预算周转金”科目的本期贷方发生额填列。

20. “年末结转结余”项目，反映政府财政本年末的各类资金的结转结余金额。其中，一般公共预算的“年末结转结余”应当根据“一般公共预算结转结余”科目的年末余额填列；政府性基金预算的“年末结转结余”应当根据“政府性基金预算结转结余”科目的年末余额填列；国有资本经营预算的“年末结转结余”应当根据“国有资本经营预算结转结余”科目的年末余额填列；财政专户管理资金的“年末结转结余”应当根据“财政专户管理资金结余”科目的年末余额填列；专用基金的“年末结转结余”应当根据“专用基金结余”科目的年末余额填列。

**三、一般公共预算执行情况表的编制说明**

（一）“一般公共预算本级收入”项目及所属各明细项目，应当根据“一般公共预算本级收入”科目及所属各明细科目的本期发生额填列。

（二）“一般公共预算本级支出”项目及所属各明细项目，应当根据“一般公共预算本级支出”科目及所属各明细科目的本期发生额填列。

**四、政府性基金预算执行情况表的编制说明**

（一）“政府性基金预算本级收入”项目及所属各明细项目，应当根据“政府性基金预算本级收入”科目及所属各明细科目的本期发生额填列。

（二）“政府性基金预算本级支出”项目及所属各明细项目，应当根据“政府性基金预算本级支出”科目及所属各明细科目的本期发生额填列。

**五、国有资本经营预算执行情况表的编制说明**

（一）“国有资本经营预算本级收入”项目及所属各明细项目，应当根据“国有资本经营预算本级收入”科目及所属各明细科目的本期发生额填列。

（二）“国有资本经营预算本级支出”项目及所属各明细项目，应当根据“国有资本经营预算本级支出”科目及所属各明细科目的本期发生额填列。

**六、财政专户管理资金收支情况表的编制说明**

（一）“财政专户管理资金收入”项目及所属各明细项目，应当根据“财政专户管理资金收入”科目及所属各明细科目的本期发生额填列。

（二）“财政专户管理资金支出”项目及所属各明细项目，应当根据“财政专户管理资金支出”科目及所属各明细科目的本期发生额填列。

**七、专用基金收支情况表的编制说明**

（一）“专用基金收入”项目及所属各明细项目，应当根据“专用基金收入”科目及所属各明细科目的本期发生额填列。

（二）“专用基金支出”项目及所属各明细项目，应当根据“专用基金支出”科目及所属各明细科目的本期发生额填列。

**八、附注**

总会计报表附注应当至少披露下列内容：

（一）遵循《财政总预算会计制度》的声明；

（二）本级政府财政预算执行情况和财务状况的

说明；

（三）会计报表中列示的重要项目的进一步说明，包括其主要构成、增减变动情况等；

（四）或有负债情况的说明；

（五）有助于理解和分析会计报表的其他需要说明的事项。

**第五十二条** 总会计年度报表，反映年度预算收支的最终结果和财务状况。总会计参与或具体负责组织下列决算草案编审工作：

一、参与组织制定决算草案编审办法。根据上级政府财政的统一要求和本行政区域预算管理的需要，提出年终收支清理、数字编列口径、决算审查和组织领导等具体要求，并对财政结算、结余处理等具体问题制定管理办法。

二、根据上级政府财政的要求，结合本行政区域的具体情况制定本行政区域政府财政总决算统一表格。

三、办理全年各项收支、预拨款项、往来款项等会计对账、结账工作。

四、对下级政府财政布置决算草案编审工作，指导、督促其及时汇总报送决算。

五、审核、汇总所属财政部门总决算草案，向上级政府财政部门报送本辖区汇总的财政总决算草案。

六、编制决算说明和决算分析报告，向上级政府财政汇报决算编审工作情况，进行上下级政府财政之间的财政体制结算以及财政总决算的文件归档工作。

七、各级政府财政应将汇总编制的本级决算草案及时报本级政府审定。各级政府财政应按照上级政府财政部门的要求，将经本级人民政府审定的本行政区域决算草案逐级及时报送备案。计划单列市的财政决算，除按规定报送财政部外，应按所在省的规定报所在省。

具体的决算编审工作，按照财政决算管理部门的相关规定执行。

## 第十一章　信息化管理

**第五十三条**　各级总会计采用的会计信息管理系统必须符合本制度规定的核算方法，并与预算编制、预算执行等业务系统相衔接，不断提高账务处理的自动化程度。

**第五十四条**　各级总会计不得直接在会计信息管理系统中更改登记有误的账簿信息，应当采取冲销法或补充登记法重新填制调账记账凭证，复核无误后登记会计账簿。

**第五十五条** 信息系统储存的总会计原始数据应当由专人定期备份至专用存储设备。保存电子会计数据的存储介质应当纳入容灾备份体系妥善保管。

# 第十二章 会计监督

**第五十六条** 各级总会计应加强对各项财政业务的核算管理与会计监督。严格依法办事，对于不合法的会计事项，应及时予以纠正或按程序反映。

**第五十七条** 各级总会计应加强对预算单位财政资金使用情况的管理，及时了解掌握有关单位的用款情况，发现问题及时按程序反映。

**第五十八条** 各级总会计应自觉接受审计、监察部门，以及上级政府财政部门的监督，按规定向审计、监察部门，以及上级政府财政部门提供有关资料。

# 第十三章　附　　则

**第五十九条**　本制度未特殊规定的一般会计处理方法，按照财政部有关规定处理。会计档案的管理，按照财政部、国家档案局《会计档案管理办法》执行。

**第六十条**　各级财政部门管理的国际金融组织和外国政府赠款的会计核算不适用本制度。

**第六十一条**　各级财政部门对不同类型资金活动根据管理需要可单独设账核算。

**第六十二条**　地方各级财政部门在与本制度不相违背的前提下，负责制定本地区总会计有关具体核算办法。

**第六十三条**　本制度自2016年1月1日起执行。财政部《财政总预算会计制度》（财预字〔1997〕287号）、《财政国库管理制度改革试点会计核算暂行办法》（财库〔2001〕54号）、《财政部关于印发〈财政国库管理制度改革试点会计核算暂行办法补充规定〉的通知》（财库〔2002〕39号）、《地方财政实施财政国库管理制度改革年终预算结余资金会计处理的暂行规定》(财库〔2003〕126号)、《财政部关于政府收支分类改革后财政总预算会计预算外资金财政专户会计核算问题的通知》(财库〔2006〕25号)、《农村义务教育经费保障机制改革中央专项资金会计核算暂行办法》(财库〔2006〕27号)、《财政部关于应发未发国债和预算稳定调节基金会计核算的通知》(财库〔2007〕117号)、《财政部关于国有资本经营预算收支会计核算的通知》(财库〔2007〕123号)、《财政部关于新型农村合作医疗补助资金国库集中支付会计核算有关事项的通知》(财库〔2008〕59号)、《财政部关于预算外资金纳入预算管理后有关账务处理问题的通知》(财库〔2008〕103号)、《财政部代理发行地方政府债券财政总预算会计核算办法》(财库〔2009〕19号)、《财政部关于预算外资金纳入预算管理后涉及有关财政专户管理资金会计核算问题的通知》(财库〔2010〕141号)、《统借自还主权外债会计核算暂行办法》(财库〔2011〕183号)、《财政部关于地区间援助资金会计核算的通知》(财库〔2012〕157号)、《财政部关于地方政府专项债券会计核算问题的通知》(财库〔2015〕91号)同时废止。

# 附　　录

# 财政部关于印发《新旧财政总预算会计制度有关衔接问题的处理规定》的通知

财库〔2015〕205号

各省、自治区、直辖市、计划单列市财政厅（局）：

修订后的《财政总预算会计制度》（财库〔2015〕192号，以下简称新制度）自2016年1月1日起施行。为了确保新旧制度顺利衔接、平稳过渡，促进新制度的有效贯彻实施，我部制定了《新旧财政总预算会计制度有关衔接问题的处理规定》，现印发给你们，请遵照执行。执行中有何问题，请及时反馈我部。

附件：新旧财政总预算会计制度有关衔接问题的处理规定

财政部

2015年10月30日

附件:

# 新旧财政总预算会计制度有关衔接问题的处理规定

修订后的《财政总预算会计制度》(财库〔2015〕192号,以下简称新制度)自2016年1月1日起施行。为了确保新旧制度顺利过渡,现对财政总预算会计新旧制度衔接问题规定如下:

## 一、新旧制度衔接总要求

(一)2015年年终结账采用按原制度办理年终转账和结账,按新制度记入新账的办法。自2016年1月1日起,各级财政总预算会计应当严格按照新制度的规定进行会计核算和编报会计报表。

(二)各级财政总预算会计应当按照本规定做好新旧制度的衔接。相关工作包括以下几个方面:

1. 根据原账编制2015年年终转账后的科目余额表。

2. 按照新制度设立2016年1月1日的新账。

3. 2015年年度终了后,原账中各会计科目余额按照本规定进行调整,按调整后的科目余额编制科目余额表，作为新账各会计科目的期初余额。原账中各会计科目是指原制度规定的会计科目，以及按照财政部印发的有关财政总预算会计核算补充规定增设的会计科目。

新旧会计科目对应关系参见本规定附表。

4. 根据新账各会计科目期初余额，按照新制度编制 2016 年 1 月 1 日期初资产负债表。

（三）相关资产、债务管理部门应当按照新制度规定，于 2015 年 12 月 20 日前向财政总预算会计提供核算反映股权、债权、债务等所需的相关资料。

（四）及时调整会计信息系统。各级财政总预算会计应当对原有会计核算软件和会计信息系统进行及时调整，正确实现数据转换，确保新旧账务的有序衔接。

## 二、将原账科目余额转入新账

（一）资产类。

1. 货币资金的结转。

新旧转账时，将原“国库存款”科目中的存款余额按是否实行国库现金管理区分，属于实行国库现金管理的，转入“国库现金管理存款”科目；其他的转入“国库存款”科目。

将原“其他财政存款”科目中的存款余额转入“其他财政存款”科目。采用原“其他财政存款”科目核算国库现金管理存款的，应将原“其他财政存款”科目余额中属于国库现金管理存款的部分，转入“国库现金管理存款”科目。

2. 往来款项的结转。

新旧转账时，应对原“暂付款”科目余额进行分析，将属于借出款项的部分，转入“借出款项”科目；其他部分转入“其他应收款”科目。将原“与下级往来”科目余额转入“与下级往来”科目。对原“待处理财政周转金”按规定程序报经核销后仍有余额的，将余额转入“其他应收款”科目。

3. 其他流动资产的结转。

新旧转账时，将原“有价证券”科目余额转入“有价证券”科目；将原“在途款”科目余额转入“在途款”科目；对原“预拨经费”科目余额进行分析，将其中符合新制度预拨经费规定的余额转入“预拨经费”科目，将其中不符合新制度预拨经费规定的余额转入“其他应收款”科目。

4. 主权外债相关债权的结转。

新旧转账时，债务管理部门应对主权外债相关债权进行梳理，区分政府财政承担直接偿还责任部分的应收本金、应收利息、应收费用以及政府财政承担担保责任的债权部分，并将有关资料转财政总预算会计进行账务处理。

财政总预算会计按照债务管理部门提供的相关资料，将原“借出外债”科目余额中属于政府财政承担直接偿还责任的部分转入“应收主权外债转贷款”科目下的“应收本金”明细科目，属于政府财政承担担保责任的部分转入“其他应付款”科目的借方；将原“应收外债利息”、“应收外债费用”科目余额中属于政府财政承担偿还责任的部分转入“应收主权外债转贷款”科目下的“应收利息”明细科目。同时，应按照转入“应收主权外债转贷款”科目的金额，将原“净资产调整”科目余额中对应金额转入“资产基金”科目下的“应收主权外债转贷款”明细科目的贷方。

5. 待发国债的结转。

新旧转账时，将原“待发国债”科目余额转入“待发国债”科目。

（二）负债类。

1. 往来款项的结转。

新旧转账时，应对原“暂存款”科目余额进行分析，将属于应付国库集中支付结余的部分，转入

“应付国库集中支付结余”科目；将属于应付代管资金的部分，转入“应付代管资金”科目；其他的转入“其他应付款”科目。将原“与上级往来”科目余额转入“与上级往来”科目。

2. 主权外债相关债务的结转。

新旧转账时，债务管理部门应对主权外债相关债务进行梳理，区分政府财政承担直接偿还责任部分的应付本金、应付利息、应付费用以及政府财政承担担保责任的债务部分，并将有关资料转财政总预算会计进行账务处理。

省级以上（含省级）财政总预算会计，按照债务管理部门提供的相关资料，将原“借入外债”科目余额中属于政府财政承担直接偿还责任的部分转入“借入款项”科目下的“应付本金”明细科目，属于政府财政承担担保责任的部分转入“其他应付款”科目的贷方；将原“应付外债利息”、“应付外债费用”科目余额中属于政府财政承担直接偿还责任的部分转入“借入款项”科目下的“应付利息”明细科目。同时，还应按照转入“借入款项”科目的金额，将原“净资产调整”科目余额中对应金额转入“待偿债净资产”科目下的“借入款项”明细科目的借方。按照转入“其他应付款”科目的金额，将原

“净资产调整”科目余额中对应金额转入“一般公共预算结转结余”科目的借方。

省级以下财政总预算会计，按照债务管理部门提供的相关资料，将原“借入外债”科目余额中属于政府财政承担直接偿还责任的部分转入“应付主权外债转贷款”科目下的“应付本金”明细科目，属于政府财政承担担保责任的部分转入“其他应付款”科目的贷方；将原“应付外债利息”、“应付外债费用”科目余额中属于政府财政承担直接偿还责任的部分转入“应付主权外债转贷款”科目下的“应付利息”明细科目。同时，应按照转入“应付主权外债转贷款”科目的金额，将原“净资产调整”科目余额中对应金额转入“待偿债净资产”科目下的“应付主权外债转贷款”明细科目的借方。按照转入“其他应付款”科目的金额，将原“净资产调整”科目余额中对应金额转入“一般公共预算结转结余”科目的借方。

（三）净资产类。

1. 各项结余的结转。

新旧转账时，将原“预算结余”科目余额转入“一般公共预算结转结余”科目；将原“基金预算结余”科目余额转入“政府性基金预算结转结余”科目；将原“国有资本经营预算结余”科目余额转入

“国有资本经营预算结转结余”科目；将原“财政专户管理资金结余”科目余额转入“财政专户管理资金结余”科目；将原“专用基金结余”科目余额转入“专用基金结余”科目。

2. 预算稳定调节基金的结转。

新旧转账时，将原“预算稳定调节基金”科目余额转入“预算稳定调节基金”科目。

3. 预算周转金的结转。

新旧转账时，将原“预算周转金”科目余额转入“预算周转金”科目。

（四）收入支出类。

收入支出类科目年末应无余额，不需进行转账处理。自2016年1月1日起，应当按照新制度设置收入支出类科目并进行账务处理。

各级财政总预算会计如有其他原账科目余额，应当按照新制度规定转入新账中相应的科目。新账中科目设有明细科目的，应将原账中对应科目的余额加以分析，分别转入新账中相应科目下的相关明细科目。

## 三、将原未入账事项登记新账

（一）资产类。

1. 关于原未入账的债权资产。

新旧转账时，债务管理部门应当于2015年12月20日前，对应收地方政府债券转贷款、应收主权外债转贷款进行梳理，将有关资料转财政总预算会计。财政总预算会计按照债务管理部门提供的相关资料，将2015年12月31日前未入账的应收地方政府债券转贷款、应收主权外债转贷款，确认记入新账有关科目的期初余额。具体会计处理如下：

（1）借记“应收地方政府债券转贷款”科目，贷记“资产基金——应收地方政府债券转贷款”科目。

（2）借记“应收主权外债转贷款”科目，贷记“资产基金——应收主权外债转贷款”科目。

2. 关于原未入账的股权资产。

新旧转账时，根据管理条件和管理需要，股权管理部门应当于2015年12月20日前，对股权投资和应收股利进行梳理，将有关资料转财政总预算会计。财政总预算会计按照股权管理部门提供的相关资料，将2015年12月31日前未入账的股权投资和应收股利，确认记入新账有关科目的期初余额。借记“股权投资”科目，贷记“资产基金——股权投资”科目；借记“应收股利”科目，贷记“资产基金——应收股利”科目。

（二）负债类。

新旧转账时，债务管理部门应当于2015年12月20日前，对应付短期政府债券、应付长期政府债券、借入款项、应付地方政府债券转贷款、应付主权外债转贷款、其他负债进行梳理，将有关资料转财政总预算会计。财政总预算会计按照债务管理部门提供的相关资料，将2015年12月31日前未入账的应付短期政府债券、应付长期政府债券、借入款项、应付地方政府债券转贷款、应付主权外债转贷款、其他负债确认记入新账有关科目的期初余额。具体会计处理如下：

1. 借记“待偿债净资产——应付短期政府债券”科目，贷记“应付短期政府债券”科目。

2. 借记“待偿债净资产——应付长期政府债券”科目，贷记“应付长期政府债券”科目。

3. 借记“待偿债净资产——借入款项”科目，贷记“借入款项”科目。

4. 借记“待偿债净资产——应付地方政府债券转贷款”科目，贷记“应付地方政府债券转贷款”科目。

5. 借记“待偿债净资产——应付主权外债转贷款”科目，贷记“应付主权外债转贷款”科目。

6. 借记“待偿债净资产——其他负债”科目，贷记“其他负债”科目。

财政总预算会计如有2015年12月31日前未入账的其他事项，应当按照新制度规定记入新账有关科目的期初余额。

## 四、会计报表新旧衔接

（一）编制2016年1月1日期初资产负债表。

财政总预算会计应当根据新账各会计科目期初余额，按照新制度编制2016年1月1日期初资产负债表。

（二）2016年度总预算会计报表的编制。

财政总预算会计应当按照新制度规定编制2016年的月度、年度会计报表。

## 五、其他事项

（一）通过原“暂付款”、“暂存款”科目核算的国债转贷相关业务，自2016年1月1日起，改为通过“其他应收款”、“其他应付款”科目核算。

（二）通过原“暂存款”科目核算的收回财政存量资金相关业务，自2016年1月1日起，改为通过“其他应付款”科目核算。

（三）尚未清理完毕的专项支出财政专户资金，转入“专用基金结余”科目。在清理期内，相应资金收支通过“专用基金收入”、“专用基金支出”科目核算。

附表：新旧财政总预算会计制度会计科目对照表

附表：

## 新旧财政总预算会计制度会计科目对照表

| 原财政总预算会计制度会计科目及补充规定会计科目 | | 新财政总预算会计制度会计科目 | |
|---|---|---|---|
| 科目编号 | 会计科目名称 | 科目编号 | 会计科目名称 |
| 一、资产类 | | | |
| 101 | 国库存款 | 1001 | 国库存款 |
| | | 1003 | 国库现金管理存款* |
| 103 | 财政零余额账户存款 | 1005 | 财政零余额账户存款 |
| 102 | 其他财政存款 | 1004 | 其他财政存款 |
| | | 1003 | 国库现金管理存款* |
| 104 | 有价证券 | 1006 | 有价证券 |
| 105 | 在途款 | 1007 | 在途款 |

续表1

| 原财政总预算会计制度会计科目及补充规定会计科目 | | 新财政总预算会计制度会计科目 | |
|---|---|---|---|
| 科目编号 | 会计科目名称 | 科目编号 | 会计科目名称 |
| 109 | 待发国债 | 1081 | 待发国债 |
| 111 | 暂付款 | 1021 | 借出款项* |
| | | 1036 | 其他应收款* |
| 112 | 与下级往来 | 1031 | 与下级往来 |
| 121 | 预拨经费 | 1011 | 预拨经费 |
| | | 1036 | 其他应收款* |
| 122 | 基建拨款 | — | |
| 131 | 财政周转金放款 | | |
| 132 | 借出财政周转金 | | |
| 133 | 待处理财政周转金 | 1036 | 其他应收款* |
| 141 | 借出外债 | 1045 | 应收主权外债转贷款* |
| | | 2015 | 其他应付款* |
| 142 | 应收外债利息 | 1045 | 应收主权外债转贷款* |
| 143 | 应收外债费用 | | |
| | | 1041 | 应收地方政府债券转贷款* |
| | | 1071 | 股权投资* |
| | | 1022 | 应收股利* |

续表2

| 原财政总预算会计制度会计科目及补充规定会计科目 | | 新财政总预算会计制度会计科目 | |
|---|---|---|---|
| 科目编号 | 会计科目名称 | 科目编号 | 会计科目名称 |
| 二、负债类 | | | |
| 211 | 暂存款 | 2011 | 应付国库集中支付结余* |
| | | 2015 | 其他应付款* |
| | | 2017 | 应付代管资金* |
| 212 | 与上级往来 | 2012 | 与上级往来 |
| 213 | 已结报支出 | 2091 | 已结报支出 |
| 222 | 借入款 | — | |
| 223 | 借入财政周转金 | — | |
| 241 | 借入外债 | 2022 | 借入款项* |
| | | 2027 | 应付主权外债转贷款* |
| | | 2015 | 其他应付款* |
| 242 | 应付外债利息 | 2022 | 借入款项* |
| | | 2027 | 应付主权外债转贷款* |
| 243 | 应付外债费用 | 2022 | 借入款项* |
| | | 2027 | 应付主权外债转贷款* |
| | | 2001 | 应付短期政府债券* |
| | | 2021 | 应付长期政府债券* |
| | | 2026 | 应付地方政府债券转贷款* |
| | | 2045 | 其他负债* |

续表 3

| 原财政总预算会计制度会计科目及补充规定会计科目 | | 新财政总预算会计制度会计科目 | |
|---|---|---|---|
| 科目编号 | 会计科目名称 | 科目编号 | 会计科目名称 |
| 三、净资产类 | | | |
| 301 | 预算结余 | 3001 | 一般公共预算结转结余△ |
| 305 | 基金预算结余 | 3002 | 政府性基金预算结转结余△ |
| 306 | 国有资本经营预算结余 | 3003 | 国有资本经营预算结转结余△ |
| 307 | 专用基金结余 | 3007 | 专用基金结余 |
| 315 | 预算稳定调节基金 | 3031 | 预算稳定调节基金 |
| 321 | 预算周转金 | 3033 | 预算周转金 |
| 322 | 财政周转基金 | — | |
| 323 | 财政专户管理资金结余 | 3005 | 财政专户管理资金结余 |
| 343 | 净资产调整 | 3081 | 资产基金 |
| | | 3082 | 待偿债净资产 |
| 四、收入类 | | | |
| 401 | 一般预算收入 | 4001 | 一般公共预算本级收入△ |
| 405 | 基金预算收入 | 4002 | 政府性基金预算本级收入△ |
| 406 | 国有资本经营预算收入 | 4003 | 国有资本经营预算本级收入△ |
| 407 | 专用基金收入 | 4007 | 专用基金收入 |

续表 4

| 原财政总预算会计制度会计科目及补充规定会计科目 | | 新财政总预算会计制度会计科目 | |
|---|---|---|---|
| 科目编号 | 会计科目名称 | 科目编号 | 会计科目名称 |
| 408 | 债务收入 | 4041 | 债务收入 |
| 409 | 债务转贷收入 | 4042 | 债务转贷收入 |
| 411 | 补助收入 | 4011 | 补助收入 |
| 412 | 上解收入 | 4012 | 上解收入 |
| 413 | 地区间援助收入 | 4013 | 地区间援助收入 |
| 414 | 调入资金 | 4021 | 调入资金 |
| 415 | 调入预算稳定调节基金 | 4031 | 动用预算稳定调节基金△ |
| 423 | 财政专户管理资金收入 | 4005 | 财政专户管理资金收入 |
| 425 | 财政周转金收入 | — | |
| 五、支出类 | | | |
| 501 | 一般预算支出 | 5001 | 一般公共预算本级支出△ |
| 505 | 基金预算支出 | 5002 | 政府性基金预算本级支出△ |
| 506 | 国有资本经营预算支出 | 5003 | 国有资本经营预算本级支出△ |
| 507 | 专用基金支出 | 5007 | 专用基金支出 |
| 508 | 债务还本支出 | 5042 | 债务还本支出 |
| 509 | 债务转贷支出 | 5041 | 债务转贷支出 |
| 511 | 补助支出 | 5011 | 补助支出 |

续表 5

| 原财政总预算会计制度会计科目及补充规定会计科目 | | 新财政总预算会计制度会计科目 | |
|---|---|---|---|
| 科目编号 | 会计科目名称 | 科目编号 | 会计科目名称 |
| 512 | 上解支出 | 5012 | 上解支出 |
| 513 | 地区间援助支出 | 5013 | 地区间援助支出 |
| 514 | 调出资金 | 5021 | 调出资金 |
| 515 | 安排预算稳定调节基金 | 5031 | 安排预算稳定调节基金 |
| 516 | 国有资本经营预算调出资金 | 5021 | 调出资金 |
| 523 | 财政专户管理资金支出 | 5005 | 财政专户管理资金支出 |
| 524 | 财政周转金支出 | — | |

注：1. 带△号的科目仅科目名称作了修改。

2. 带＊号的科目为新增科目。